春

東栗駒山

JN119141

夏

秋

冬

1 「遠き和賀岳への雪稜」大荒沢岳稜線	**11** 「青空にとける岩手山」春子谷地湿原	**21** 「御神坂沢大滝氷瀑」岩手山御神坂沢
2 「栗駒山へ続く残雪の尾根」東栗駒山	**12** 「紅葉燃える大荒沢岳」大荒沢岳手前	**22** 「クリスマスの朝日」五葉山日枝神社
3 「風おだやかな早池峰山」剣ヶ峰分岐	**13** 「燃えて落下する降る滝」女神山三滝	**23** 「冬はさらに遠すぎる経塚山」駒ヶ岳
4 「道なき尾根を残雪踏んで」モッコ岳	**14** 「食べてうまいボリ」大荒沢岳登山道	**24** 「寄り添うヨツバシオガマ」早池峰山
5 「朝日を浴びる岩手山」焼走り溶岩流	**15** 「落ち葉が赤いブナ林」和賀登山道	**25** 「大株を競うコマクサ」岩手山焼走り
6 「異相の岩場ニセ鶏頭」ニセ鶏頭直下	**16** 「赤く輝く三ッ石山」三ッ石山登山道	**26** 「細毛が密生エゾツツジ」秋田駒ヶ岳
7 「ハクサンイチゲに埋る焼石岳」姥石平	**17** 「草紅葉に染まる千沼ヶ原」千沼ヶ原	**27** 「早池峰特産ウスユキソウ」早池峰山
8 「日浴びて輝く白糸の滝」女神山三滝	**18** 「道なき岩稜の赤倉岳」赤倉岳の直下	**28** 「咲ききそうハクサンイチゲ」焼石岳
9 「青く輝く久慈侍浜」侍浜横沼展望台	**19** 「風が光る真昼岳の雪庇」山頂の直下	**29** 「灯るアオノツガザクラ」源太ヶ岳お花畑
10 「ツツジロードから五葉山」賽ノ河原	**20** 「美しい双耳峰の七時雨山」車之走峠	**30** 「日本固有種のシラネアオイ」岩手山

岩手 やまマップ

階上岳 P56 **20**
洋野町
11
久慈平岳 P43
軽米町
9 折爪岳 P41
二戸市
九戸村
6 稲庭岳 P37
21 二ッ森 P57
県北エリア
一戸町
8 大松倉山 P40
久慈市
卯子酉山 P157
中岳・四角岳 P52 **18**
八幡平市
14 田代山・駒木立 P48
男和佐羅比山 P160
皮投岳 P42 **10**
19 七時雨山 P54
野田村
三ッ石山 P58 **22**
遠別岳 P51 **17**
85
茶臼岳 P49 **15**
26 犬倉山 P66
80
安家森 P153
16
安比岳 P36 **5**
7 姥倉山 P38
83
遠島山 P50
普代村
八幡平・源太森 P28
2
12 黒倉山 P44
81 穴目ヶ岳 P154
諸桧岳 P60
23
葛巻町
田野畑村
源太ヶ岳 P46 **13**
4 赤倉岳 P34
曲崎山 P96 **46**
100
1 岩手山 P24
三巣子岳 P181
84
宇霊羅山 P158
大白森 P70
28
鞍掛山 P75
45
姫神山 P94
岩手町
烏帽子岳 P68
27
鎌倉森 P74
岩泉町
堺ノ神岳 P172
峠ノ神山 P176
駒ヶ岳横岳 P84
39
38
笊森山 P86
盛岡市
青松葉山 P152
93
96
雫石町
滝沢市
86
害鷹森 P161
貝吹岳 P73
31
南昌山 P90
鑪山 P87
79
モッコ岳 P98
男助山 P71
40
朝島山 P62
月山 P163
88
大荒沢岳 P106
43
箱ヶ森 P92
89 兎明神岳・岩神山 P164
47
29
24
30
毛無森 P80
宮古市
51
42
鬼ヶ瀬山 P72
高下岳 P116
57
25
東根山 P64
34
早池峰山 P30
十二神山 P174
73
41 ナメトコ山 P88
黒森山 P76
36
35
早池峰剣ヶ峰 P178
94
53
和賀岳 P148
鶏頭山 P78
3
紫波町
2 **98**
霞露ヶ岳 P166
風鞍 P109
県央エリア
薬師岳(早池峰) P140
山田町
67
37 駒頭山 P82
90
真昼岳 P130
70
薬師岳(和賀) P142
白見山 P175 **95**
鯨山 P168
91
女神山 P136
石上山 P102
大槌町
黒森 P114 **56**
44 八方山 P93
花巻市
49
釜石市
西和賀町
遠野市
北上市
76 **87**
仙人山 P125 **62** **66** 羽山 P129
砥森山 P128
片羽山雄岳 P162
65
鷲ヶ森山 P150
78
六角牛山 P147
48 愛染山 P100
58 駒ヶ岳 P118
物見山 P138
68
金ケ崎町
54 経塚山 P110
五葉山 P170
92
60
71
64 天竺山 P127
50 牛形山 P104
住田町
夏虫山 P177
97
大船渡市
59 猿岩の頭 P120
奥州市
82
74 焼石岳 P144
一関市
氷上山 P180 **99**
今出山 P15◯
三界山 P122
陸前高田市
平泉町
沿岸エリア
55 栗駒山 P112
63 束稲山 P126
室根山 P134 **69**
南本内岳 P132
自鏡山 P124
矢越山 P146 **75**
61
県南エリア
大森山 P108 **52**
N

凡例	
1	…山名番号
P33	…本文ページ

岩手百名山

▶登頂のための登山ガイド◀

ぼくが案内します

100名山ガイド
山 野 あゆむ

は　じ　め　に

雲表倶楽部代表　藤　原　雅　一

　雲表倶楽部は、2023年10月に創立80周年を迎える山岳会です。本拠は東京にありますが、東北にも多くの会員を抱えており、もちろん岩手にも在住の会員がいます。

　今回創立80周年を迎えるにあたり、これを期に何か後世に残るものを作ろうと考えたのが、この出版に至る最初の一歩です。色々調べていくうちに、山岳王国岩手県に百名山がないことに気が付いたのです。

　私自身、岩手県には若かりし頃の思い出が多々あります。大学を卒業後、宮城県の勤務を経て岩手県に異動し勤務に当たりました。

　岩手の方言がわからず取引先の人に3回聞き返したら怒鳴られたこと、取引先の人に熊狩りに連れて行ってもらったこと、デートなのにわんこ蕎麦のお店に行ってしまい女性の手前百杯でしぶしぶ諦めたこと、などなど東京育ちの都会っ子であった私にとって、岩手県は強烈なインパクトを与えてくれました。

　齢を重ねて来ましたが、今になって岩手県に何か一つでも恩返しできたら、そう思いこの企画を練りました。

　では、まず雲表倶楽部という山岳会について簡単に紹介します。

　昭和18年10月、雲表倶楽部は戦時下に10名の山好きメンバーが集まり東京で結成されました。結成時から戦後の混乱期の活動については記録が残ってないので詳しいことはわかりませんが、戦後は買い出し山行中心だったと聞きます。日本隊がマナスルに登頂すると大衆登山ブームが始まり、会員数は数百人となり、新入会員募集広告を出すと多くの希望者が殺到し説明会は会館を借りて行ったようです。

　昭和30年代となると谷川岳、穂高連峰などの未踏の岩壁が注目され、雲表倶楽部も多くの岩壁にルートを刻みました。海外登山が解禁されるとヨーロッパアルプスの岩壁を登りに行き、多くのビッグウォールやヒマラヤ

の山々にも足跡を残します。

　1980年以降、黒部の奥鐘山やオオタテガビン、甲斐駒ヶ岳赤石沢ダイヤモンドフランケ、海谷山塊千丈ヶ岳南西壁などの国内屈指の大岩壁にルートを開いたり、冬期初登したりと勢力的な活動が続きます。フリークライミングの世界でも、グレード5.14という当時最難ルートを登る会員も出てくるようになりました。

　しかし、こうしたクライマーも第一線を退くと、ピークハントに向かう会員も次第に増えてきました。日本百名山、日本二百名山、日本三百名山、都道府県別最高峰、日本の山1000、日本山岳標高1003山、そして各地方で独自に選定された百名山などを軒並み踏破するようになってきました。

　今回の岩手百名山の選定と出版に至るのは、時間の問題であったとも言えます。

　ちなみに雲表倶楽部においては、ピークハント登山において、絶対に死守すべきルールがあります。それは、樹木を除いて、必ずその山の最高点に立つことです。読者諸兄からはお叱りを受けるかもしれませんが、このルールを厳守するためには、クライミングギアを担ぎ上げ、ピッケル、アイゼン、山スキーを駆使し、深い藪を漕ぎ、時に火山ではガスマスクを付けて、北は礼文島から南は与那国島までの多く山を登ってきました。これは勝手な思い込みかもしれませんが、雲表倶楽部は日本の山の頂を最も多く登っている集団の一つだと自負しております。

　こんな実話があります。今回の編集メンバーのひとりが北海道の利尻山を登ってきたのですが、下調べをしていなかったことと、山頂があいにくガスに包まれていたため、北峰のみ登頂し、最高峰の南峰には登頂してなかったのです。結局彼は、ルールを守るために、翌年わざわざ利尻に舞い戻り南峰を登ってきました。

　今回の岩手百名山において、よそ者である東京の山岳会が百名山を選定

するとは恐れ多いことですが、こうして今まで日本中の山々を登ってきた経験を生かして、岩手の山を選定しました。

　選定の基準としては、

①県内外の人々に広く認知され親しまれている山

②ハイキングだけでなく、クライミングや沢登り、山スキーなど、多様な手段で登られている山

③他県の人から見ても魅力があり、岩手県の個性を感じられる山

の3つです。

　本来であれば、「地元の信仰や生活に密着した山」を選定基準に加える方が良いのかもしれませんし、何故この山が入ってないのかとご指摘を受けることも覚悟しています。しかし、東京の山岳会では正直そこまで調査できなかったというのが本音です。その代わりに、「他県の人間から見ても魅力があり、岩手県の個性を感じられる山」という、我々よそ者でしか見えないであろう基準を加えています。

　今回、車で山頂近くまで登れる山から登山道がなく積雪期しか登れない山まで幅広く紹介できたと思っています。

　胆沢の奥州湖畔にある猿岩は標高差150ｍの岩壁で、岩手県唯一のマルチピッチクライミングが実戦できる貴重な岩場です。夏冬通して毎週のように通いました。今は水没してしまった猿岩隧道入口にテントを張り、友人とクライミングや将来についてお酒を飲みながら語り合ったことが昨日の出来事のような気がします。岩壁を登り切るとピークに着きます。

　展望もなにもないつまらないところですが、我々にとって猿岩は青春の１ページであり、思い入れの場所です。名前もなにもないこのピークに猿岩の頭と命名し、岩手百名山の一座としました。我々のわがままです。

　本書で紹介した山は2022年から23年に掛けて実際にメンバーで分担調査したものです。遠方から岩手を訪れたものの、ゴールデンウイークに積雪

に遭遇したり、真夏の天候不順に悩まされたり、調査は一筋縄では行きませんでした。そのため、天候に恵まれず良い写真を撮影できなかったり、災害で本来の登山口まで車で行けなかったり、本書を作る上で十分な調査ができなかったことはお詫びします。

　登山道の選定については、山頂近くまで車道があっても本来は麓から歩くべきという考え方もあるでしょうが、他県から来訪する登山者の時間的制約を考慮して、メジャーな登山道であり、最短のコースを選んでいます。

　また、沢登りやクライミングなどのバリエーションルートは外しています。県境の山については、岩手県側から登路があるものはそれを紹介し、ないものについては他県からの登路を採用しています。そして、何よりも重要なのは、一番高いピークをもって山頂としています。

　これからの日本は過疎化と人口減少の時代となります。岩手県の山村部も例外ではありません。そこに人が住んでいるから車道があり、仕事のために林道があり、私達登山者は山を登る上で多くの恩恵を受けています。

　そこに住んでいる人が豊かになることが、いつまでも岩手の山々を楽しむうえでは重要なことです。市街地の方が燃料が数円安いとか、大型スーパーの方が食料品が安いとか言わず、できるだけ地元にお金を落とすことが重要なことだと認識しています。

　本書を通して多くの方が岩手の山を訪ね、山麓でお金を使い、地元が潤う、そして私達登山者もいつまでも岩手の山を楽しめる。そういう正の循環を作ることが編集メンバー全員の願いです。

屏風尾根〜岩手山

目 次

はじめに………………………………………………………… 8
岩手県の概要……………………………………………………14
復興応援企画 岩手名湯探求 …………………………………… 18
復興応援企画 わたしのグルメ ………………………………… 20
復興応援企画 ぼくらの地酒 …………………………………… 22
❶ 岩手山 ………………………………………………… 24
❷ 八幡平・源太森 ……………………………………… 28
❸ 早池峰山 ……………………………………………… 30

■県北エリア [21山] あいうえお順 …………………………… 33
❹ 赤倉岳 ……………… 34
❺ 安比岳 ……………… 36
❻ 稲庭岳 ……………… 37
❼ 姥倉山 ……………… 38
❽ 大松倉山 …………… 40
❾ 折爪岳 ……………… 41
❿ 皮投岳 ……………… 42
⓫ 久慈平岳 …………… 43
⓬ 黒倉山 ……………… 44
⓭ 源太ヶ岳 …………… 46
⓮ 田代山・駒木立 …… 48
⓯ 茶臼岳 ……………… 49
⓰ 遠島山 ……………… 50
⓱ 遠別岳 ……………… 51
⓲ 中岳・四角岳 ……… 52
⓳ 七時雨山 …………… 54
⓴ 階上岳 ……………… 56
㉑ 二ッ森 ……………… 57
㉒ 三ッ石山 …………… 58
㉓ 諸桧岳 ……………… 60

■県央エリア [25山] あいうえお順 …………………………… 61
㉔ 朝島山 ……………… 62
㉕ 東根山 ……………… 64
㉖ 犬倉山 ……………… 66
㉗ 烏帽子岳 …………… 68
㉘ 大白森 ……………… 70
㉙ 男助山 ……………… 71
㉚ 鬼ヶ瀬山 …………… 72
㉛ 貝吹岳 ……………… 73
㉜ 鎌倉森 ……………… 74
㉝ 鞍掛山 ……………… 75
㉞ 黒森山 ……………… 76
㉟ 鶏頭山 ……………… 78
㊱ 毛無森 ……………… 80
㊲ 駒頭山 ……………… 82
㊳ 駒ヶ岳横岳 ………… 84
㊴ 笊森山 ……………… 86
㊵ 鑪山 ………………… 87
㊶ ナメトコ山 ………… 88
㊷ 南昌山 ……………… 90
㊸ 箱ヶ森 ……………… 92
㊹ 八方山 ……………… 93
㊺ 姫神山 ……………… 94
㊻ 曲崎山 ……………… 96
㊼ モッコ岳 …………… 98

平津戸コースから望む早池峰山

■県南エリア [31山] あいうえお順 ················· 99

㊽愛染山 ··············· 100
㊾石上山 ··············· 102
㊿牛形山 ··············· 104
51 大荒沢岳 ··············· 106
52 大森山 ··············· 108
53 風鞍 ··············· 109
54 経塚山 ··············· 110
55 栗駒山 ··············· 112
56 黒森 ··············· 114
57 高下岳 ··············· 116
58 駒ヶ岳 ··············· 118
59 猿岩の頭 ··············· 120
60 三界山 ··············· 122
61 自鏡山 ··············· 124
62 仙人山 ··············· 125
63 束稲山 ··············· 126

64 天竺山 ··············· 127
65 砥森山 ··············· 128
66 羽山 ··············· 129
67 真昼岳 ··············· 130
68 南本内岳 ··············· 132
69 室根山 ··············· 134
70 女神山 ··············· 136
71 物見山 ··············· 138
72 薬師岳（早池峰）··············· 140
73 薬師岳（和賀）··············· 142
74 焼石岳 ··············· 144
75 矢越山 ··············· 146
76 六角牛山 ··············· 147
77 和賀岳 ··············· 148
78 鷲ヶ森山 ··············· 150

■沿岸エリア [23山] あいうえお順 ················· 151

79 青松葉山 ··············· 152
80 安家森 ··············· 153
81 穴目ヶ岳 ··············· 154
82 今出山 ··············· 156
83 卯子酉山 ··············· 157
84 宇霊羅山 ··············· 158
85 男和佐羅比山 ··············· 160
86 害鷹森 ··············· 161
87 片羽山雄岳 ··············· 162
88 月山 ··············· 163
89 兜明神岳・岩神山 ··············· 164

90 霞露ヶ岳 ··············· 166
91 鯨山 ··············· 168
92 五葉山 ··············· 170
93 堺ノ神岳 ··············· 172
94 十二神山 ··············· 174
95 白見山 ··············· 175
96 峠ノ神山 ··············· 176
97 夏虫山 ··············· 177
98 早池峰剣ヶ峰 ··············· 178
99 氷上山 ··············· 180
100 三巣子岳 ··············· 181

雲表倶楽部紹介 ··············· 182
著者紹介 ··············· 185
岩手百名山完登　チェックリスト ··············· 188
あとがき ··············· 190
奥付 ··············· 192

平ヶ倉沼と岩手山

岩手県の 概 要

たおやかな峰と雄大な海が育む、動植物と海の幸

❖特徴と魅力

　岩手県は本州の北東北に位置し、南北は約190km、東西は約120kmと南北に楕円の形をしており、面積は15,280㎢である。その広さは北海道に次ぐ大きさで、日本全体面積の４％を占める大きな県土である。

　人口は約118万人で、県庁所在地である盛岡市は約28万人と年々減少傾向にある。人口密度は1㎢に対し77.3人と密度は低く、広い県土に対して人口は少ない。

　内陸部は山岳丘陵地帯が大部分を占め、西の秋田県との県境には奥羽山脈が連なり、東に北上高地が広がっている。この２つの山脈の間を北上川が北から南へ流れ、流域に平野が広がっている。

　東は太平洋に面し、沿岸北部に隆起海岸、南部にはリアス式海岸が続き、南北を比べると対照的な地形で、豪快さと優美さを併せもつ海岸線だ。広大な沖合いは三陸海岸と称し、優れた漁港と港湾に恵まれ、新鮮な魚介類が豊富な三陸漁場となっている。

　岩手県の最高峰で日本百名山に選定されている岩手山を中心に、広大な山々に囲まれて県庁所在地の盛岡市がある。周辺市町村には近年に世界遺産登録された「平泉文化」を代表とし、歴史と文化を物語る多くの史跡や記念館と歌碑が点在する。

　県内には豊富な湯量の温泉が数多く点在し、疲れを癒してくれるお風呂と宿は、生活と旅に安らぎをあたえてくれている。

岩手山と早池峰山を除く山々は、たおやかで雄大な山が多く、多くの雪と自然環境に育まれた峰や谷には池塘や湿原が点在し、山腹は太いブナ林に包まれ多くの動植物を育んでいる。春から夏にかけて多種類の高山植物が咲き、秋にはみごとな紅葉を見せてくれる。

　春は桜、夏は海水浴と登山、秋は紅葉、冬はウインタースポーツ、春夏秋冬に行われる情緒豊かな祭り、山から恵まれる山菜、海から恵まれる新鮮な幸。通年にわたり四季折々に楽しむことができることが、岩手県の大きな魅力である。

岩手山山頂と妙高岳

千沼ヶ原の湿原

❖地理と気候

　東北地方の北東北に位置する岩手県は、北に青森県、西に秋田県、南は宮城県に隣接し、東は太平洋に面している。宮古市より北の沿岸部は、隆起海岸で海食崖や海岸段丘が発達しており、田野畑村の北山崎は200mに及ぶ切り立った断崖が8kmにわたって続いている。東部には本州の最東端地である魹ヶ崎がある。

　西側の秋田県との境に奥羽山脈が縦断しており、東側の海岸に面する所には奥羽山脈と並行して北上高地が広がる。

　奥羽山脈と北上高地の間には盆地が広がり、北から二戸市、八幡平市、盛岡市、花巻市、奥州市、一関市などの市町村がある。県庁所在地の盛岡市は岩手県の真ん中に位置し、一級河川の北上川が岩手町を源流として一関市を通り宮城県へ南流し、県北部には馬淵川が青森県へと北流している。北上川は、途中で薬師岳を源流として流れる猿ヶ石川、和賀岳を源流とする和賀川などを合流し太平洋に注いでいる。

　気候は地理的条件により異なり、奥羽山脈の山沿い地方は冬に雪が多い日本海側の気候である。雪質が良いため国内有数のスキー場が点在している。内陸部は内陸性気候で、盛岡市では冬の間は寒い日が続き積雪もやや多い。北上高地は高原性と盆地性の気候で、夏冬ともに昼と夜の温度差が大きい。沿岸部は海洋性の気候で、夏は涼しく冬は雪が少なく寒くならない。

　地域によって気候は変化し、四季がはっきりとして、それが岩手県の気候の特徴となっている。

焼石岳 ハクサンイチゲの大群落　　　　　　　　　　　　和賀岳 ブナの美林

❖山域の特徴

奥羽山脈

　東北地方の中央部を南北に、青森県から栃木県にかけて約500kmにわたって連なる国内最長の脊梁山脈である。

　東日本火山帯の那須火山帯に含まれており、八甲田山、八幡平、岩手山、栗駒山、蔵王連峰、安達太良山、那須岳などの火山が連なっている。岩手県内では岩手山と栗駒山が活火山に指定されている。

　奥羽山脈の東へ約300kmの海底には日本海溝があり、火山列はその海溝とおよそ平行している。

北上高地

　東北地方の北東部にあり、北は青森県八戸付近から宮城県牡鹿半島まで南北約250km、東西約80kmに広がる非火山性の山地である。最高峰は中央部に位置する早池峰山で、北部から折爪岳、姫神山、五葉山、室根山などが連なり、浸食に耐えて残った残丘である。

　早池峰山を除けば、標高は600m〜1,100m前後となだらかな高原的な山容から、北上山地とも呼ばれている。

２月の早池峰剣ヶ峰　　　　　　　　　　　　　　１月の岩手山平笠不動

❖東日本大震災

　2011年３月11日14時46分、宮城県牡鹿半島の東南東130kmの三陸沖で、深さ24km
を震源とする地震によってもたらされた大災害です。地震の規模はマグニチュード
9.0で、国内観測史上最大でした。

　震度は宮城県北部の栗原市で震度７を記録し、福島、茨城、栃木県で震度６強を
観測、高さ10mを超える大津波が東北沿岸部などを襲い大な被害をもたらしました。

　岩手県内の人的被害は死者4,672人、行方不明者1,122人。家屋の被害は、全壊・
半壊26,077棟に及び、ほとんどが津波による被害となり、阪神・淡路大震災を上回
る戦後最大の災害となりました。

　津波により浸水した東京電力福島第一原子力発電所は、放射性物質を漏出する重
大な事故を起こし、住民の強制避難は震災後10年以上も続いています。

　東日本大震災は、日本の経済や生活、原子力政策などに多大な影響をあたえまし
た。被災から12年経った現在でも、三陸沿岸地では未だに仮設住宅施設で生活して
いる方々もいます。

　復興支援がされている割には、まだまだ街づくりや住居が整っておらず、被災者
の心の傷跡も癒えてはいません。

　被害を受けた方々に対して、お見舞いとお悔やみを申し上げます。

本書を分かりやすく使うために

■100山の表示順序
４つのエリアごとにアイウエオ順に表示し、県
北エリアから順に番号をつけています。
索引は、目次、やまマップ、エリアマップから
番号と山名とページにより索引できます。

■難易度
星１つから星５つでランク分けしています。
★☆☆☆☆……ほとんど山頂近くまで車で行ける
★★☆☆☆……往復歩行時間２時間未満
★★★☆☆……往復歩行時間２～５時間未満
★★★★☆……往復歩行時間５～８時間未満
★★★★★……往復歩行８時間以上、又は積雪期

■歩行時間
中高年の方を対象に無理のない時間で、登りと
下りと合計時間を表示しています。

■歩行距離
調査者のGPS機に基づいて表示しています。

■標高差
登山口の標高から頂上までの高差を表示しています。

■地　図
国土地理院地図Web版25,000分の１地形図を
複製しました。

■縮　尺
それぞれの山のスペースにより、大きさが異なる
ため縮尺を表示できません。
300m の長さで距離を測ってください。

■エリアマップ
岩手やまマップは、番号、山名、P（ページ）を表示
し、マップから山のページへアクセスできます。
エリアマップは、エリアごとに番号、山名、ページ
を表示しています。

■登山時期
百名山には積雪期限定の山もあるため、無理なく
楽しんでいただけるよう時期を表示しています。

登山時期

1月	2月	3月	4月	5月	6月
積　雪　期				適期	

7月	8月	9月	10月	11月	12月
登山適期			積雪期		

岩手名湯探求

「岩手県お勧めの温泉」担当をおおせつかり、昨年（2022年）から岩手県の温泉調査で、山の近くにある温泉ばかり出かけている。おかげで自分では源泉掛け流しの達人になったつもりでいる。そして「自称源泉掛け流しの達人」は病気をしなくなる、という説を唱えはじめた。結果、岩手の温泉に1ヵ月つからないと、カラダが温泉成分を欲し震えだす、いわゆる温泉禁断症状が出はじめるようになった。

この症状は、他の温泉地では出なかったので極めて異例、つまり憎いほど効き目のある岩手の温泉ということである。そこで、特に禁断症状が強かった温泉地と、諸先輩方のいい伝えをもとに、「岩手県お勧め温泉10ヵ条」を自作してみた。

まずは、その一、できるだけ自然の環境下にある。その二、源泉に近い場所にある。その三、湯量が豊富である。その四、温泉効果が極めて高い。その五、源泉掛け流しである。次に情緒的に、その六、湯に思いやりがあり身も心も癒される。その七、すべてに品格がある。そして私情ではあるが、その八、コウシャクを垂れる客がいない。その九、料金が安い。その十、アクセスが良い。以上である。

しかし、この本の趣旨である地域創生を掲げながら「料金が安い」はいかがなものか？いや、この物価高の時代、安いにこしたことはない。という結論に達し、筆者が選ぶ「岩手県お勧めの温泉」を紹介する。最後になるが、温泉は生きる力を人間に与えてくれる。

下山後は、数ある岩手の名湯をぜひ堪能いただきたい。

藤七温泉 彩雲荘

＊泉 質：単純硫黄泉
＊効 能：神経痛・慢性消化器病・糖尿病 他
＊時 間：4月〜10月 8:00〜16:00
＊連 絡：八幡平市松尾寄木北の又
　　　　TEL 090-1495-0950

八幡平一帯の代表格。標高1,400mに位置し、東北で一番高い場所にある温泉地。泉質は硫黄泉で源泉掛け流し。この温泉は、何といっても露天の底に沈んだ温泉成分たっぷりの泥が楽しい。泥を顔・身体全体に塗りたくると、肌はツヤツヤになるのだ。ぜひ試して頂きたい。そして女性は露天入浴時、タオルを身体に巻いて入浴OK、安心して露天風呂に入浴できる。大空を仰ぎ開放感抜群の温泉に入浴、藤七温泉バンザイ！

国見温泉 森山荘

秋田と岩手の県境、秋田駒ヶ岳南麓の国見峠にある森山荘をチョイス。温泉はエメラルドグリーン色、こんな温泉色見たことがない。内風呂は男女各1ヶ所、露天風呂は混浴。なんとペット専用露天風呂もある。

すぐれた温泉効果から、湯治に毎年多くのお客様がやってくる。私のお勧めは早朝の露天、湯舟には湯花が咲き乱れ、天気が良ければ朝焼けとあわせ最高の入浴シーンを演出してくれる。

内湯　露天

＊泉　質：単純含硫黄ナトリウム炭酸水素塩泉
＊効　能：慢性皮膚病・痛風・慢性関節痛 他
＊時　間：5月上旬〜11月中旬 9:00〜17:00
＊連　絡：岩手郡雫石町橋場 国見温泉
　　　　　TEL 090-1930-2992

松川温泉 峡雲荘

日本秘湯を守る宿でもある峡雲荘は、松川登山口駐車場から200m程上がった所にある。メインは開放感たっぷりの混浴露天風呂だが、女性専用露天風呂もあり施設は充実している。泉質は乳白色の硫黄泉で、とても肌に良さそうである。

無色透明の源泉は、空気にふれた瞬間から乳白色に変化していき、白く濁ったお湯は豊富で常に湯舟からあふれ、夏はぬるめに、冬は少し熱めに、かけ流す湯量で温度を調整している。

ロビー　露天

＊泉　質：単純硫黄泉
＊効　能：神経痛・筋肉痛・関節痛 他
＊時　間：8:30〜19:00
＊連　絡：八幡平市松尾寄木松川温泉
　　　　　TEL 0195-78-2256

川尻温泉 ほっとゆだ

全国数ある温泉施設の中でも珍しく、JR北上線の駅舎に併設されている「ほっとゆだ」。浴室には信号機があり、青色の時は電車発車時間の45分から30分前。黄色が30分から15分前。15分を切ると赤色になり、電車に乗る人は急いで着替えるよう教えてくれる。温泉は源泉掛け流し、「熱い」「普通」「ぬるめ」と3つの浴槽に分かれており、休憩室もあるので時間に余裕をもってゆっくり温泉を楽しむことができる。

風呂　信号

＊泉　質：ナトリウム、カルシウム―硫酸塩
＊効　能：動脈硬化・きりきず・やけど 他
＊時　間：7:00〜21:00 第2水曜定休
＊連　絡：和賀郡西和賀町川尻40地割53
　　　　　TEL 0197-82-2911

わたしのグルメ

筆者が登山取材中に出会った、

遠野ジンギスカン

ジンギスカンって北海道、そう思っている人も多いと思うが、遠野も古くから羊肉をジンギスカンとして食べてきたという。伺ったのは遠野食肉センター遠野本店。生ラムジンギスカンのお店として有名。

肩ロースとランプのセットを注文。お味は？平日なのに、11時の開店直後には地元の人で満員、ということで察してほしい。

遠野食肉センター 遠野本店
遠野市松崎町白岩20地割13 ☎0198-62-2242

10段巻きソフトクリーム

筆者はソフトクリームが大好きである。花巻に幻のソフトクリームがあると聞いてやって来た。マルカンビル大食堂。昭和のレトロな雰囲気漂うデパートの大食堂。10段巻きのソフトクリーム、それが今回のお目当て。巷のソフトクリームが400円程度の中で値段はなんと230円。子供もお爺さんも皆笑顔で食べている。ここは何を食べても安くてうまい。

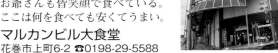

マルカンビル大食堂
花巻市上町6-2 ☎0198-29-5588

安比高原そば

八幡平市を車で走っていると蕎麦畑をよく見かける。きっとおいしい蕎麦屋があるに違いない。安代の町に地元の方が多く訪ねる蕎麦屋があると言う。北の蕎麦屋。ざる蕎麦を特盛でオーダーする。実に香りが良い。

ただこのお店の最大の特徴は蕎麦湯がセルフサービスになっているところだ。トロリとした蕎麦湯を好きなだけ堪能できる。

北の蕎麦屋 本店
八幡平市清水92-1 ☎0195-72-2661

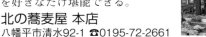

タルトタタン

この本の編集者である岩手県在住の友人に紹介してもらった岩手の絶品スイーツ。元々フランスの焼き菓子であるタルトタタン。盛岡にあるお店、店名もズバリ、タルトタタン。岩手のりんごがゴロリと入っており、サクサクの皮の食感も合わせて味わい深い。甘さもほどほどで、男性もいける。店内には無料で飲めるドリンクもある。

タルトタタン 八幡町本店
盛岡市八幡町13-34 ☎019-626-1700

盛岡の夜

せっかく盛岡に来たなら夜の街も散策したい。訪れたのはたそがれ屋。登山好きな店主が趣味で始めた飲み屋。登山したいから土日月が定休。ポテトサラダを食べると、その店のグレードがわかると言うが、ひと口食べて美味い。珍しいハシバミ、熊肉、行者ソーセージなど食べるが全て手抜きがない。もちろん、岩手の日本酒も厳選して置いてある。

たそがれ屋
☎080-3193-3431

大船渡の牡蠣とホタテ

大船渡に来たらサンマか牡蠣だよね。サンマは不漁、で大好きな生牡蠣を食べに来た。大船渡にある、海の幸ふるまいセンター。オーダーしたのは、ホタテ・牡蠣定食。ホタテ1枚、牡蠣3枚、これを刺身か貝焼きで選択できる。貝焼きはテーブルで焼く。ホタテは貝焼、牡蠣は生を選択。大ぶりな牡蠣はコクがあってうまいし、ホタテは肉厚でたまらない。

海の幸ふるまいセンター
大船渡市大船渡町笹崎3-6 ☎0192-22-8310

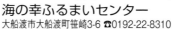

磯ラーメン

三陸を車で走っていると、磯ラーメンという文字が目につく。これまでラーメンと魚介という組み合わせに抵抗があって食べて来なかった。が、ここまで人気なら食べるしかない。道の駅やまだ。ムール貝、ホタテ、エビ、蟹爪が具として乗り、ワカメを練り込んだ麺がツルツルと喉に入る。メカブが濃い海藻の味わいで、磯の風味満載。ペロリと完食。

道の駅やまだ
下閉伊郡山田町船越6-141 ☎0193-89-7025

生ウニとホヤ

三陸まで来たら新鮮な魚介類をゆっくり堪能したい。今夜は車中泊やめて、ちょっと贅沢して民宿にお泊まり。もちろん昼抜き。お泊まりは宮古にある民宿治郎兵衛家。掃除が行き届いた綺麗な宿。待ちに待った夕食。テーブルにお刺身、焼き魚、ホタテなど、たくさんの料理が並ぶ。でも、なんと言っても、今夜は生ウニとホヤが主役。幸せな夜。

民宿 治郎兵衛家
宮古市崎山第5地割48 ☎0193-62-7150

ぼくらの地酒

気になった数種類の酒を選び、

　岩手の酒を語る上で、日本三大杜氏として名高い「南部杜氏」に触れない訳にはいかないのだが、いかんせん云々できるほどの知識は持ち合わせていない。

　それどころか、岩手の酒について知るところも少ない。そこで、伝手を辿り水沢の「小林商店」の協力を得て、気になっていた6種類の日本酒を手に入れ、その批評を7名のメンバーで試飲し、岩手の酒論に替えることにした。

　濃淡、甘辛、好みに分け、7名の評価点を合算し集計した。（数字が大きいほど淡く、辛く、好みに合っている）諸兄の参考になれば幸いである。

あさ開 水神 純米大辛口

一般的に辛口と言われる酒は＋5度位だが「水神」は＋10度の辛さを実現した純米酒。

批評／濃淡［23］、甘辛［19］、好み［19］
　＊多少濃厚で余韻が残る
　＊爽やかにして辛さが映える

製造元：(株)あさ開／盛岡市大慈寺町

浜千鳥 純米吟醸 吟ぎんが

岩手県の酒造好適米「吟ぎんが」と岩手オリジナル酵母「ゆうこの想い」を使用。

批評／濃淡［18］、甘辛［20］、好み［23］
　＊後味が楽しめる
　＊辛さの中に甘みを感じる

製造元：(株)浜千鳥／釜石市小川町

酉与右衛門 超辛口 純米酒

阿波山田錦を使用した辛さと、シャープさが際立つ超辛口の純米酒。

批評／濃淡［24］、甘辛［26］、好み［18］
　＊辛さが際立つ　＊心地よい苦み
　＊シャープ

製造元：(資)川村酒造／花巻市石鳥谷町

7人の仲間で品評会をした。	岩手には数多くの日本酒や地酒がありますが、日本酒の知識のない仲間で楽しく品評しました。

辛口純米酒 七福神

岩手県産「ひとめぼれ」を使用したキレの良い辛口純米酒。冷酒、常温、お燗にもあう。

批評／濃淡[19]、甘辛[25]、好み[20]

＊味が豊醇
＊ヘビーだがとても日本酒らしい

製造元：菊の司酒造（株）／岩手郡雫石町

純米生貯蔵酒 仙臺紅屋長九郎

山田錦使用の「全国新酒鑑評会」出品の生原酒。華やかな香りで食前酒にぴったり。

批評／濃淡[24]、甘辛[19]、好み[20]

＊生酒の新鮮な香り　＊淡麗の極み
＊香り高くやや辛、爽やか

製造元：岩手銘醸（株）／奥州市前沢

赤武 AKABU 純米吟醸

岩手の酒造好適米「吟ぎんが」を使用した定番の純米吟醸酒。豊かな味わいの酒。

批評／濃淡[21]、甘辛[21]、好み[24]

＊後口にほのかな甘み　＊美味い
＊いろんな食べ物に合いそう

製造元：赤武酒造（株）／盛岡市北飯岡

① 岩手山

いわてさん
2,038m

標高差 1,468m、歩行距離 18.0
山頂から360度の展望、一等三角
日本百名山、東北百名山
日本の山1000、山岳標高1000

[難易度 ★★★★★　　歩行時間：8時間35分、登り：4時間40分、下り：3時間55分]

焼走り駐車場から眺める岩手

　滝沢市の西北、八幡平国立公園の南西部に位置するコニーデ型の休火山で、岩手県の最高峰である。南部片富士、南部富士、岩鷲山といった別称でも親しまれている。眺める方向から山の容姿が変わり、山頂からの展望と高山植物の豊富さが魅力だ。

　たび重なる火山活動で形成された山体は、西岩手火山に新しい時代の東岩手火山が覆い被さった複合火山だ。火口は二重、三重と複雑で、西側の大地獄のカルデラ地形は珍しい。

　アオモリトドマツに囲まれた御苗代湖、御釜湖、八ツ目湿原は火口の跡で、そこに立つと樹海の底に下りたような気がする。西に黒倉山、南に鬼ヶ城、北に屏風尾根が立ち塞がる。

　お鉢からは、地熱がこもる中央火口丘の妙高岳、岩手山神社奥宮、火口跡などが見られ、お鉢には三十三観音尊仏が点々と並び一周することができる。北東の山腹には、国の特別天然記念物の「焼走り熔岩流」があり、1719年の噴火の激しさを今に伝える。

　中腹から山頂付近の火山砂礫には可憐なコマクサが咲き、東面の山腹に広がるコマクサの群生地はみごとだ。登山コースは、馬返し、御神坂、網張温泉、松川温泉、七滝、上坊、焼走りコースが山頂へ向かっており、どのコースも特徴が異なり高山植物が豊富である。

アクセス	マイカー／盛岡駅から国道4号を北上し、滝沢分れから直進し国道282号に入り更に北上する。「道の駅にしね」先の信号を左折し、約1km行き丁字路を左折、すぐ右折し焼走りに向かう山道に入る。約4.8km走ると焼走り溶岩流の駐車場に着く。登山者の駐車は一段下の駐車場である。盛岡駅から約28km、約35分。焼走りへの近道は11月中旬頃より冬期通行止めになる。 問合わせ／八幡平市観光協会 ☎0195-78-3500、滝沢市観光協会 ☎019-601-6327 入浴施設／焼走りの湯…登山口より西へ500m　☎0195-76-2013

焼走りコース　登山口〜第1噴出口跡〜平笠不動小屋〜岩手山〜奥宮〜平笠不動〜登山口

　焼走りコースは、登山口から溶岩流に沿うように続き、しばらくはミズナラの林の中を淡々と登って行く。標高1,000m前後からダケカンバやシャクナゲに変わり、6月初旬頃から林床に花が現れ始め、ハクサンシャクナゲやギンリョウソウなどが咲く。

　第2噴出口跡を過ぎると高山らしくなり、標高1,200mに黒々と盛り上がる第1噴出口跡に着く。この先は広大な東斜面となり、砂礫地帯を右上するように登って行く。この付近には7月初め頃、コマクサの大群落が咲き乱れ、通称コマクサロードとも呼ばれる。

　高山植物の女王と呼ばれるコマクサは、株が大きく花弁も一回り大きいのが特徴で、砂礫に群落が広がる。しかし、残念なことに近年にはブッシュに押されて減少しつつある。

　ツルハシで上坊コースが合流し、この先からは花の種類が豊富になる。ベニバナイチヤクソウ、シラネアオイなどが咲き、7月初めから見頃となる。アオモリトドマツなどの原生林の中の急登になり、茶臼岳の岩峰が見えてくると平笠不動避難小屋は近い。

　御苗代湖から屏風尾根3峰を経て登って来るコースと小屋で合流し、ザクザクした砂礫の斜面を登って行く。この砂礫帯にはタカネスミレ、コケモモ、イワヒゲ、イワテハタザオ、イワウメなどが咲き、お鉢に出ると前方の視界も開け、山頂は目の前にある。

　山頂は360度の展望で、県内の山々はもとより、八甲田山、岩木山、森吉山、白神山、鳥海山が望め、遠方では月山、大朝日岳、熊野岳が望めることもある。内院の中には妙高岳がそびえ、その陰には岩手山神社奥宮が祀られている。

　お鉢は1.1km約50分で一周できるので、ぜひ時計回りで一周していただきたい。時計回りで10分ほど下ると、右へと内院に下る道があり奥宮へ続いている。奥宮の社はかなりの年月で古くなっている。この付近にはイワブクロ、イワギキョウなどが咲く。

　緩やかな登りからお鉢に出ると、不動平からのコースと合流する。緩やかな登りを山頂方向へ登って行くと、山頂手前に登って来た時の焼走りコースの分岐がある。

　素晴らしかった展望に別れを告げ、下山は往路を戻る。

参考タイム／登山口→【2:00】第1噴出口跡→【1:00】ツルハシ→【1:10】平笠不動避難小屋
→【0:30】岩手山→【0:15】奥宮→【0:40】避難小屋→【1:30】第1噴出口跡→【1:30】登山口

焼走り登山口

第1噴出口跡から焼走り溶岩流を望む

焼走りコースに咲くコマクサの大群落

お鉢から眺める山頂(左)と妙高岳

100名山ガイド
「山野あゆむ」
が案内します!

上坊神社

上坊コース

岩手山焼走り
国際交流村

焼走りの湯

焼走り

**下山したら
入浴ができるよ**

**第2噴出口跡まで
林の中を歩くよ**

**この付近から
コマクサが現れるよ**

**展望所に上がると
岩手山の全景が見える**

**ここから花の種類が
豊富になるよ**

ツルハシ

第2噴出口跡
第1噴出口跡
1,200m

**第1噴出口跡から
山頂まで、ザレザレ
道だから十分に
気をつけてね**

平笠不動避難小屋 1,780m

岩手山 2,038m

**古い神社だけど
歴史を感じるよ**

妙高岳
岩手山神社奥宮

**ここから
展望が開けるよ**

岩手山高山植物帯

**お鉢は一周できるので
ぜひ周回してみてね**

**360度の展望が広がり
素晴らしい眺めだよ**

馬返しコース

300m   国土地理院地形

その他コース

網張コース(南西側)	網張スキー場〜犬倉山〜黒倉山〜鬼ヶ城又はお花畑〜不動平→岩手山
馬返しコース(東側)	馬返し〜三合目〜五合目〜八合目避難小屋〜不動平〜お鉢→岩手山
御神坂コース(南側)	御神坂駐車場〜大滝展望台〜笠締〜鬼ヶ城分岐〜不動平→岩手山
七滝コース(北西側)	登山口〜七滝展望台〜大地獄谷〜お花畑〜3峰〜平笠不動→岩手山
松川コース(西側)	松川温泉〜姥倉山〜黒倉山〜鬼ヶ城又はお花畑〜不動平→岩手山
上坊コース(東側)	上坊神社駐車場〜ツルハシ〜平笠不動避難小屋〜お鉢→岩手山
裏岩手縦走路(西側)	岩手山〜鬼ヶ城〜犬倉山〜三ッ石山〜大深岳〜諸桧岳〜八幡平

岩手山神社奥宮　後方は妙高岳

屏風尾根と裏岩手

素晴らしい展望の山頂

登山時期	1月	2月	3月	4月	5月	6月	7月	8月	9月	10月	11月	12月
	積 雪 期				登 山 適 期						積雪期	

＊コースに咲く主な高山植物＊

コマクサ

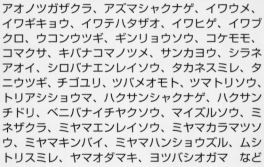

アオノツガザクラ、アズマシャクナゲ、イワウメ、イワギキョウ、イワテハタザオ、イワヒゲ、イワブクロ、ウコンウツギ、ギンリョウソウ、コケモモ、コマクサ、キバナコマノツメ、サンカヨウ、シラネアオイ、シロバナエンレイソウ、タカネスミレ、タニウツギ、チゴユリ、ツバメオモト、ツマトリソウ、トリアシショウマ、ハクサンシャクナゲ、ハクサンチドリ、ベニバナイチヤクソウ、マイズルソウ、ミネザクラ、ミヤマエンレイソウ、ミヤマカラマツソウ、ミヤマキンバイ、ミヤマハンショウズル、ムシトリスミレ、ヤマオダマキ、ヨツバシオガマ　など

シラネアオイ

イワテハタザオ

ハクサンシャクナゲ

焼走り溶岩流 [標高1,200mの噴出口から溶岩流が裾野を覆った]

　岩手山は、過去に5回ほど噴火しており、1719年の噴火によって第1噴出口と第2噴出口から吹き出した熔岩が、山肌を流れるままに冷えて黒く固まったものが焼走り熔岩流である。

　長さは約2.8km、最大幅約1.0kmあり、国指定特別天然記念物に指定されている。長年経た溶岩流の上には所々に木が生え、苔に包まれた岩もあり、年月とともに培った植物の生命力の強さを感じさせられる。

湿原の高山植物が素晴らしい、アオモリトドマツに覆われた景勝地。

❷ 八幡平 はちまんたい 1,613m

標高差73m、歩行距離5.5km
北側以外に展望あり、二等三角点
日本百名山、東北百名山、花の百名山
日本の山1000、山岳標高1003山

源太森
げんたもり 1,59

[難易度 ★★☆☆☆　歩行時間：1時間55分、登り：1時間10分、下り：45分]

源太森付近ら眺める八

　岩手県と秋田県の県境に位置する八幡平は、なだらかな山容の高原台地で、八幡沼湿原
の高山植物が素晴らしく、さらに大小さまざまな湖沼が点在し、これらが相まって美しい
風景を作りだしている。登山道は八幡平山頂まで石畳の道、八幡沼周辺は木道の遊歩道に
なっているため歩きやすい。八幡平といえば雪解け時に見られるドラゴンアイが有名で、
八幡平頂上付近にある鏡沼で5月下旬〜6月上旬の2週間ほど見ることができる。

　また、八幡沼展望テラスからの眺めは素晴らしく、八幡沼と湿原の美しいコントラスト
が見られる。源太森へは、八幡沼から距離も近いので手軽に登頂でき、山頂からは展望が
良く、歩いてきた壮大な湿原や八幡平を取り囲む山々を見渡すことができる。

アスピーテラインからの登山口

ドラゴンアイ

山頂の展望台

アクセス	マイカー／東北自動車道松尾八幡平ICから県道45号を右折し、柏台の交差点を23号・八幡平アスピーテライン方面へ右折、約19km程で八幡平展望駐車場がある。200m手前には無料駐車場があり、100台程駐車可能。200m先の登山口にトイレ、水場あり。 問合わせ／八幡平市役場 ☎0195-74-2111 入浴施設／藤七温泉彩雲荘 ☎090-1495-0950

展望駐車場より200m登ると見返峠にトイレがある。トイレ手前の石畳の遊歩道を左に進むと、樹林帯の合間からドラゴンアイで有名な鏡沼やメガネ沼が見られる。蒸ノ湯への分岐を右に進むと八幡平山頂だ。木造の展望台からは北東北の山々を望める。山頂より10分程で八幡沼展望所、八幡沼のほとりにある避難小屋陵雲荘からは木道となり、湿原では季節により多彩な高山植物を楽しめる。

20分程で源太分れの分岐となり、「源太森・黒谷地」方面に進むと木道から登山道に変わり15分程で源太森の山頂に着く。復路は源太分れ分岐を「見返峠」方面へ、八幡沼の南側を進む。やがて湿原から樹林帯に入り木道から石畳に変わると見返峠となり、ここから5分程で登山口に戻る。

参考タイム／登山口→【0:30】八幡平→【0:10】
八幡沼展望所→【0:20】源太分れ→【0:10】
源太森→【0:30】見返峠～【0:15】登山口

陵雲荘先の湿地帯

八幡沼と源太森

源太森山頂

月	2月	3月	4月	5月	6月	7月	8月	9月	10月	11月	12月
積雪期			登	山	適	期				積雪期	

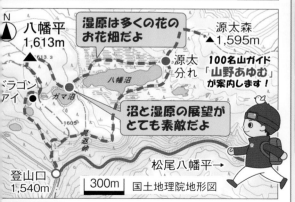

N
八幡平 1,613m
▲1,613.3

湿原は多くの花の
お花畑だよ

源太森 ▲1,595m

ドラゴンアイ

ガマ沼

八幡沼

源太分れ

100名山ガイド
「山野あゆむ」
が案内します！

沼と湿原の展望が
とても素敵だよ

1,605

見返峠

登山口 1,540m

松尾八幡平→

300m 国土地理院地形図

＊ 主な高山植物 ＊

シナノキンバイ　　シラネアオイ

ハクサンチドリ　　ワタスゲ

キヌガサソウ、コバイケイソウ
シナノキンバイ、チングルマ
ニッコウキスゲ、ハクサンチドリ
ヒナザクラ、ワタスゲ　他

③ 早池峰山 はやちねさん 1,917m

標高差667m、歩行距離5.
山頂から360度の展望、一等三
日本百名山、東北百名山、花の百
日本の山1000、山岳標高100

[難易度 ★★★☆☆]　　歩行時間：4時間05分、登り：2時間25分、下り：1時間40分

薬師岳から眺める早池

　　北上高地の中央部に位置する最高峰で、鶏頭山(1,445m)、中岳(1,679m)と共に早池峰三
山とされている。浸食作用から取り残された丘陵モナドノックとしても名高い。

　　高山植物の宝庫で固有種も多く、特にハヤチネウスユキソウは有名である。現在、河原
坊コースは登山道の崩落により通行できない。

　　頂上には早池峰神社奥宮がある。オレンジ色の社殿左側だ。右側には若宮がある。社殿
の扉には月と太陽を型取った穴があいている。右の太陽の丸穴から右腕を深く差し入れ、
腕を左に曲げれば鈴を鳴らすことができる。

河原坊 総合休憩所

小田越登山口

五合目(お金蔵

アクセス	マイカー／東北自動車道紫波ICを降りて県道46号を東進、新幹線高架をくぐり国道4号の「紫波IC入口」の信号を左折。1.3km先の「運動公園入口」を右折して県道25号に入る。そのまま東進すれば、道の駅はやちね、早池峰湖畔を過ぎて岳集落の駐車場に着く。ICから舗装路を35km約1時間。11月初旬～5月下旬は、岳から先は冬季通行止めとなる。通常6月第2日曜～8月第1日曜の土日祝日はマイカー規制があり、岳集落の駐車場からシャトルバスを利用。問合わせ／花巻市役所大迫総合支所地域振興課 ☎0198-48-2111

2段になっている鉄ハシゴ　　　　　　剣ヶ峰分岐から眺める山頂方面

小田越コース　小田越登山口〜五合目（お金蔵）〜剣ヶ峰分岐〜早池峰山 往復

河原坊駐車場は、県道25号を挟んで総合休憩所の向かい側にある。河原坊から県道25号
　登山口の小田越に向かう。ときおり樹間から早池峰山が見える。（河原坊から歩く場合）
　小田越には対面に薬師岳登山口もある。小田越からは歩きやすい木道が始まるが、すぐ
　小石の登山道になる。30分ほどでオオシラビソの樹林を抜けると蛇紋岩の露岩帯となり
　合目だ。早池峰山の主稜線に向かうルートのほぼ全容が目前に広がる。この先はコンサ
ベーションロープに囲まれた岩混じりの登山道となり傾斜も増してくる。さらに進めばハ
マツ混じりの露岩帯となる。登山道はよく整備されている。
　五合目（1,701m）お金蔵を過ぎると露岩帯からハイマツ帯になる。1,790m付近から再び露
　帯となり、まもなく天狗の滑り岩と呼ばれるハシゴ場がある。
　ハシゴを過ぎて10分ほどで主稜線、剣ヶ峰への分岐に着く。ここからはほぼ平坦な登山
　で、ところどころ木道がある。5分ほどで門馬コースの分岐を過ぎ、さらに5分ほどで
　上だ。山頂エリアは意外に広い。露岩が多いので躓かないように注意しよう。避難小屋
　隣には携帯トイレ専用ブースがある。

考タイム／小田越登山口→【1:25】五合目（お金蔵）→【0:50】剣ヶ峰分岐→【0:10】早池峰山→
【0:10】剣ヶ峰分岐→【1:30】小田越登山口　≪河原坊から歩けば、登り+0:40、下り+0:30≫

山頂にある早池峰神社奥宮　　　　　　山頂から眺める薬師岳

100名山ガイド「山野あゆむ」が案内します！

早池峰山 1,917m

←鶏頭山 1,805

剣ヶ峰→

N

↑門馬

剣ヶ峰分岐

五合目 1,701m

一合目

展望が素晴らしく県内の山々が一望だよ

2段の鉄ハシゴがあるから気をつけて登下降してね

この付近からお花が豊富に見れるので見つめながら登ってね

ここから視界が開け五合目の岩場が見えるよ

オオシラビソの木道を歩き始めるよ

コメガモリ沢

河原坊

←岳

300m　国土地理院地形図

小田越登山口 1,250m

小田越山荘

＊主な高山植物＊

ハヤチネウスユキソウ

ナンブイヌナズナ

ミヤマシオガマ

チングルマ

イワウメ

イワウメ、イワベンケイ
チングルマ、ナンブトウウチソウ
ナナカマド、ナンブトラノオ
ハヤチネウスユキソウ
ヒメコザクラ、マルバシモツケ
ミヤマシオガマ　他

その他コース　門馬コース（北側）、剣ヶ峰コース（東側）、鶏頭山から縦走（西側）

早池峰神社 ［近年、瀬織津姫が降臨したと言われ、SNSで人気］

早池峰神社（大迫町）

　　山頂には早池峰大神（瀬織津姫）を祀った奥宮があり、岳集落には里宮にあたる早池峰神社があり「瀬織津姫」を祀っている。神社へは大和坊の向かいにある鳥居をくぐり石段を登る。早池峰山登山口は四方にあるが、それぞれに早池峰山神社がある。

　　矢巾スマートIC近くの矢巾町にも早池峰神社はある。慶長年代には南部公自ら参詣し、社領を領内総鎮守とした。ご祭神の「瀬織津姫」は金運上昇、招福、縁結び、子宝などの御利益があるとされる。

　　大迫町にある早池峰神社は、パワースポットとしても近年注目を集めている。瀬織津姫祭も催され、舞や神楽の奉納がある。瀬織津姫の像が早池峰湖畔の高森公園に建っている。

県北エリア 21山

久慈市、二戸市、八幡平市
一戸町、岩手町、軽米町、葛巻町、洋野町
九戸村

2 八幡平・源太森 P28

4 赤倉岳 P34

5 安比岳 P36

6 稲庭岳 P37

7 姥倉山 P38

8 大松倉山 P40

9 折爪岳 P41

10 皮投岳 P42

11 久慈平岳 P43

12 黒倉山 P44

13 源太ヶ岳 P46

14 田代山・駒木立 P48

15 茶臼岳 P49

16 遠島山 P50

17 遠別岳 P51

18 中岳・四角岳 P52

19 七時雨山 P54

20 階上岳 P56

21 二ッ森 P57

22 三ッ石山 P58

23 諸桧岳 P60

積雪期限定、冠雪の岩手山を間近に眺める全方位展望の山。

❹ 赤倉岳 あかくらだけ 1,621m

標高差 999m
歩行距離 12.0km
山頂から360度の展望

[難易度／★★★★★　歩行時間：8時間30分、登り：5時間20分、下り：3時間10分]

屏風尾根から眺める赤倉岳 後方は岩手山

　岩手山の西北西、屏風尾根上にある岩峰。黒倉山の北東に位置する。屏風尾根上には東から1峰、2峰、3峰、1,660m峰とあり、それに続く1,621m峰が赤倉岳である。(山頂については諸説あり、地図によっては1,543m峰や1,614m、1,660mを赤倉岳としているものもあるが、雲表倶楽部としては国土地理院に従い1,621m峰を赤倉岳とした)

　七滝分岐からは登山道がないので積雪期限定となる。雪の締まった3月〜4月初旬くらいがお勧めだが、もちろんその年の積雪量等による。

七滝コース登山口

屏風尾根に上がった所

ギャップを東側から巻いた所

アクセス	マイカー／東北自動車道松尾八幡平ICを出て右折し、県道45号を西へ6.5kmほど進む。ビジターセンターのある信号を左折し、県道23号を南下する。2kmほど先を右折し3kmで県民の森に着く。松尾八幡平ICから県民の森まで、舗装道路11.5km、25分。 問合わせ／八幡平市役所松尾総合支所　☎0195-74-2111 入浴施設／森乃湯　☎0195-78-3611、八幡平ハイツ　☎0195-78-2121

駐車場から20分ほどの所にある七滝登山口に登山届を出す。七滝を目指して広葉樹林の緩やかな道を歩く。七滝分岐を過ぎたあたりから屏風尾根下部を目指して樹林帯を登る。

尾根に出て樹林帯を抜けると岩峰が見えハイマツ帯になるが、積雪が少ない時期には足を取られキツいだろう。

尾根を忠実に進む。1,543m峰の先にあるピナクルの東側は切れ落ちている。このギャップの先が赤倉岳である。ギャップに出るために少し下って北側の雪壁をトラバースするが、雪の状態によっては難しくなる可能性がある。

ギャップからも北斜面をトラバースして、赤倉岳の東に出る。赤倉岳は少し戻る感じのトラバースで頂上に立つ。ここも雪の付き方によっては難しくなる。

参考タイム／登山口→【1:00】七滝分岐→【2:20】尾根に出た所→【2:00】赤倉岳→【2:20】七滝分岐→【0:50】登山口

月	2月	3月	4月	5月	6月	7月	8月	9月	10月	11月	12月
登山適期				登山道が無いため藪漕ぎ							

県道45号

登山口 622m

積雪期でもここまで除雪しているよ

少し行くと水量が多い七滝が見えるよ

七滝分岐

尾根を目指して地図と磁石で真っすぐ登って行くよ

西方面に黒倉山が見えるよ

屏風尾根

先の稜線と岩手山がものすごくキレイだよ

尾根に出た所

アイゼンが必要だよ

N

1,543m

赤倉岳 1,621m

屏風尾根

岩手山→

300m 国土地理院地形図

100名山ガイド「山野あゆむ」が案内します！

その他コース 焼走り〜平笠不動小屋〜3峰→

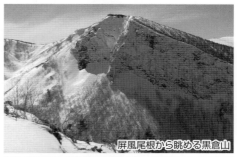

屏風尾根から眺める黒倉山

赤倉岳方面と岩手山

赤倉岳

⑤ 安比岳

あっぴだけ
1,493m

| 標高差479m、歩行距離8.3km |
| 山頂からの展望なし |
| 二等三角点 |

[難易度／★★★☆☆　歩行時間：4時間40分、登り：2時間40分、下り：2時間]

源太森から眺める安比岳

登山道入口

展望がない山頂

　　1980年代「APPI」とウサギマークのステッカーを車に貼ることは、女性の気を引く必須アイテム、そんな華やかな時代もあった。今は昔の面影も無く、素朴な地にたたずむ山。なつかしのネームに誘われて、青春時代を思い起こしながら登って欲しい山である。

コース　登山口〜茶臼岳分岐〜安比岳 往復

1月	2月	3月	4月	5月	6月	7月	8月	9月	10月	11月	12月
積雪期			登山適期							積雪期	

　　堰堤を渡り、緩やかな道を行くと茶臼岳分岐、そこから沢沿いを歩いていく。沢沿いは2ヵ所崩落があり足元に注意。沢の左側を忠実に歩く。しばらく行くと倒木があり、徒渉し対岸に渡る。やがて進入禁止の看板(この奥が安比温泉)。そのまま道なりに行くと涸れ沢に到着。赤テープに導かれ2つの沢を横断。急登・稜線歩きを交え約30分で山頂到着(看板あり)。真の山頂は藪の中にあり、そこを踏み往路を下る。

参考タイム／登山口→【1:15】安比温泉入口
　→【1:25】安比岳→【2:00】登山口

アクセス	マイカー／東北自動車道松尾八幡平ICか安代ICでおり、国道282号から安比高原へ。安比高原からはANAホテルがある道を直進。途中道は2手に分かれるが看板のあるブナの駅方面(左手)へ直進し「奥のまきば」看板を過ぎる。途中砂利道となり行き止まりが登山口。 問合わせ／(一社)八幡平市観光協会 ☎0195-78-3500 入浴施設／あずみの湯 ☎0195-72-6811

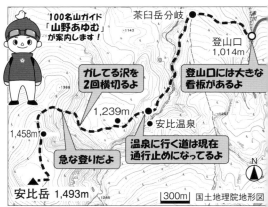

100名山ガイド「山野あゆむ」が案内します！

茶臼岳分岐

登山口 1,014m

ガレてる沢を2回横切るよ

登山口には大きな看板があるよ

1,239m

安比温泉

1,458m

急な登りだよ

温泉に行く道は現在通行止めになってるよ

安比岳 1,493m

300m　国土地理院地形図

二戸地方でもっとも高い山、人気のハイキングコース。

⑥ 稲 庭 岳 いなにわだけ 1,078m

標高差277m、歩行距離3.2km
山頂から360度の展望
日本の山1000、山岳標高1003山

[難易度／★★☆☆☆　歩行時間：1時間20分、登り：45分、下り：35分]

登山口付近から眺める稲庭岳

キャンプ場がある登山口

ベンチがある山頂

　稲庭岳は奥羽山系の一角をなし二戸地方でもっとも高い山だが、なだらかな山容で山頂までは45分ほどで登ることができるので、家族連れでも楽しめるハイキングコースだ。
　麓にはキャンプ場があり、山菜採りやキノコ採りでも人気がある。頂上の展望台からは360度のパノラマで、岩手山、北上山系、八甲田連峰まで一望できる。

コース　キャンプ場〜稲庭岳 往復

1月	2月	3月	4月	5月	6月	7月	8月	9月	10月	11月	12月
積雪期				登 山 適 期						積雪期	

　駐車場からキャンプ場の「登山道入り口」を進むとすぐに「稲庭岳登山口」標識が現れる。ここからのんびり登っていこう。登山道は広く歩きやすい、途中1500m、□00mと山頂までの距離が標識に出てくるので目安になる。□00mを過ぎるとブナ林コースとの分岐になるが、取材時ブナ林コースは笹薮に覆われていた。
　分岐を過ぎると、山頂まではひと頑張りである。山頂□らは360度の展望が開け、ベンチもあるのでゆっくり景□を堪能しよう。下山は往路を戻ろう。

参考タイム／登山口→【0:45】稲庭岳→【0:35】登山口

アクセス　マイカー／八戸自動車道浄法寺ICを出て、県道6号を安代方面に左折し、1km程で稲庭高原の標識を右折し7kmで天台の湯、更に5km進むと稲庭岳キャンプ場駐車場に到着する。駐車は60台可能(無料)。トイレあり。
問合わせ／二戸市役所☎0195-23-3111
入浴施設／天台の湯☎0195-38-3222

駒形神社
稲庭岳 1,078m
100名山ガイド「山野あゆむ」が案内します！
展望が良い山頂 ベンチがあるよ
997m
急登が始まるからゆっくり登ろうね
キャンプ場 801m
登山口
300m　国土地理院地形図
田子町

その他コース　駒形神社〜（北東側）

❼ 姥倉山

うばくらやま
1,517m

標高差 652m、歩行距離 7.8km
山頂から360度の展望
三等三角点

[難易度 ★★★☆☆　歩行時間：3時間、登り：1時間55分、下り：1時間05分]

黒倉山から眺める姥倉山

　名湯松川温泉を登山口とする山はこのエリアに数座ある。その中の1座姥倉山は、松川温泉から日本100名山・名峰岩手山へと向かう登山道が稜線に突き当たった所にある。

　山にはブナ樹林帯はじめ落葉樹が群生し、春夏秋冬さまざまな顔を覗かせてくれ、登山者を楽しませてくれる。筆者が登山した姥倉山のイメージを例えると、岩手山を目の前に、父を慕う子供のような、そんな出で立ちである。

　山頂からは岩手山はもちろん、目前に黒倉山・犬倉山、少し離れて三ッ石山山群が見え、山頂から少し下ると登山口にある松川地熱発電冷却塔の蒸気も見える。残念なのは岩手山が偉大すぎ、常に脇役となるところである。登山口にキャンプ場や温泉もあるので、ぜひ家族で登って欲しい山である。下山後の名湯松川温泉は、必ず登山の疲れを癒してくれる。

登山口

湯ノ森標識

姥倉山から眺める大松倉山と三ッ石

アクセス

マイカー／東北道松尾八幡平ICで下りる。県道45号を南西方向に走り23号と合流。県道212号に入り、松川温泉の標識に誘導され約10分で松川温泉着。登山口は県営松川キャンプ場が目印。
問合わせ／（一社）八幡平市観光協会 ☎0195-78-3500
入浴施設／松川荘 ☎0195-78-2255、峡雲荘 ☎0195-78-2256

　スタートは県営松川キャンプ場の手前、大きな看板が目印だ。ここに駐車場はあるが、松川温泉内にあるトイレ付き駐車場が便利だ。さてスタートはなだらかな道を10分程登ると、山頂に続く尾根に出る。ここは天気が良いと朝は日差しが綺麗に差し込む尾根である。

　この尾根が湯ノ森を経由し山頂へとつながる稜線だ。尾根沿いに約15分程歩くと、登りは一旦終わり、少し歩くと湯ノ森看板が現れる。そこを見過ごし少し歩くと湯ノ森山頂となる。ここまで約40分。ここから山頂に向けての緩やかな登りの始まりである。

　倒木の橋を渡ると山頂に続くジグザグな登りを数回繰り返し、道はやがて平行道となる。そのまま周るように歩くと岩手山の雄姿と、その手前に黒倉山が見える。左側に山頂に通じる踏み後があり、そこを乗り越すと山頂がある三等三角点に到着。山頂標識はあるものの、標識は設置されていない。下山は往路を戻る。

参考タイム／キャンプ場手前登山口→【0:40】湯ノ森→【1:15】姥倉山→【1:05】登山口

山頂

山頂から眺める岩手山

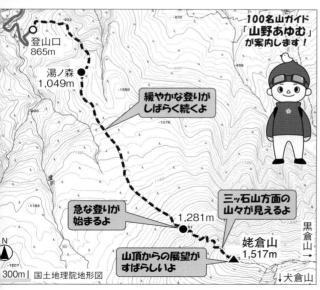

登山口
865m

湯ノ森
1,049m

緩やかな登りが
しばらく続くよ

急な登りが
始まるよ

三ッ石山方面の
山々が見えるよ

1,281m

姥倉山
1,517m

黒倉山→

山頂からの展望が
すばらしいよ

N

犬倉山→

300m　国土地理院地形図

100名山ガイド
「山野あゆむ」
が案内します！

みごとなブナの大木

1月	2月	3月	4月	5月	6月
積雪期					登山適期
7月	8月	9月	10月	11月	12月
登山適期				積雪期	

その他のコース

■七滝〜黒倉山→（北側）
■網張〜犬倉山→（南側）

この山を登るなら絶対に秋、日本一早い紅葉を見ながら絶景の山旅を満喫。

⑧ 大松倉山 おおまつくらやま 1,408m

標高差 538m
歩行距離 10km
山頂から360度の展望
二等三角点

[難易度／★★★☆☆　歩行時間：3時間、登り：1時間55分、下り：1時間5分]

姥倉山から眺める大松倉山

松川温泉登山口

山頂から望む岩手山

　登山のスタートとなる松川温泉は、国内最初の地熱発電の地である。登山道は湿原に出るまでダケカンバやブナ林に囲まれ、静かな山歩きが楽しめ、全体的に整備された登山道が続く。所々岩手山が眺望できる箇所もあり、やがて湿原が現れ山荘が見える。ここからの三ッ石山・大松倉山の山容は雄大で心浮かれるが、ここは国立公園内であり木道を外さぬよう景色を堪能したい。秋には最高の紅葉旅が満喫できること間違いなしのエリアだ。

コース　登山口〜大松倉山　往復

1月	2月	3月	4月	5月	6月	7月	8月	9月	10月	11月	12月
積雪期			登山適期							積雪期	

　松川温泉を起点に三ッ石山登山口を利用する。スタート時は急な階段を登り、歩いて5分で大きな松の木下にでる。ここで温度調整するもよし、しばらく歩くと三ッ石山荘2.6kmの標識が現れ、そこからはなだらかな登りが続く。

　途中木道となり、やがて三ッ石山荘が現れると、三ッ石山と大松倉山の分岐標識がある。山頂まで1.3kmの大松倉山を目指し約30分で大松倉山山頂到着。帰路は往路を下る。

参考タイム／登山口→【1:55】大松倉山→【1:05】登山口

アクセス	マイカー／東北自動車道松尾八幡平ICで下りる。県道45号を南下ぎみに走り23号と合流。県道212号に入り、松川温泉の標識に誘導され10分で松川温泉着。松川荘手前に登山口標識あり。 問合わせ／(一社)八幡平市観光協会 ☎0195-78-3500 入浴施設／松川荘 ☎0195-78-2255 　　　　　峡雲荘 ☎0195-78-2256

100名山ガイド「山野あゆむ」が案内します！

登山口 870m
松川温泉

少しの間急な登りだよ

1,031

1,136m
赤川源流分岐

ここから展望が良くなるよ

岩手山と裏岩手展望がステキ

三ッ石山 ▲1,466m

三ッ石山荘

大松倉山 ▲1,408m

300m 国土地理院地形図

車で山頂まで行ける、東北地方最大級のヒメボタルの群生地。

❾ 折爪岳　おりつめだけ　852m

標高差1m、一等三角点
山頂からの展望なし
日本の山1000、山岳標高1003山

[難易度／★☆☆☆☆　歩行時間：ほとんどなし]

山頂に向かう林道から眺める折爪岳

一等三角点のある山頂

山頂の電波塔

　二戸市、九戸村、軽米町との境にある山で、7月中頃にはヒメボタルの光沢が見所の様だ。折爪岳オートキャンプ場もあり、宿泊して楽しめる。頂上にはNHKの電波塔が建ち並び景色は絶望的だ。

　少し歩いた所に見晴らしの良い所があるので、往復する。もしくは、少し車で下るともりの学び舎があり、ここからは岩手山、七時雨山、西岳などの展望が開ける。麓からの登山道もあり、登りながら景色を楽しむのも良いだろう。

コース　山頂付近まで車で入れる

1月	2月	3月	4月	5月	6月	7月	8月	9月	10月	11月	12月
積雪期			登山適期							積雪期	

　車を降りて10秒程で頂上に立てる。NHKの電波塔手前に頂上の看板がある。折角なので記念撮影して行こう。

アクセス	マイカー／八戸自動車道九戸ICを降りて国道340号を軽米方面へ左折、最初の信号を左折、すぐに江刺家小学校過ぎて舗装された林道を上って行くと、ヒメボタルラインに出て右折で山頂へ。NHKの電波塔が建っている。 問合わせ／九戸村役場総務課地域防災係 ☎0195-42-2111

その他コース	九戸コース（南東側） ミレットパーク登山口→（北東側）

↑ミレットパーク登山口
軽米側展望台
100名山ガイド「山野あゆむ」が案内します！
太平洋、岩手山や岩木山
八甲田連峰などが見えるよ
折爪岳 852m
電波塔があるから展望は南側だけだよ
851
もりの学び舎
折爪岳キャンプ場
太平洋、岩手山や岩木山
八甲田連峰などが見えるよ
二戸側展望台
↓九戸コース
300m　国土地理院地形図
国道340号↓

鹿角盆地を取り囲む青垣山の一つ。マタギに思いを馳せつつ登る。

⑩ 皮投岳 かわなげだけ 1,122m

標高差390m、歩行距離 4.6.km
山頂から270度の展望
三等三角点

［難易度 ★★★☆☆　歩行時間：2時間20分、登り：1時間20分、下り：1時間］

花輪越登山口から眺める皮投岳

花輪越登山口

広場がある山頂

八幡平市と秋田県鹿角市との境界にまたがる奥羽山脈の山。御嶽詣りとして、五ノ宮嶽と三倉山と一緒に縦走で登られることが多い。皮投岳物語によると、昔マタギ達がこの山でたくさんの動物を捕獲し、その皮を剥ぎ捨てたために、この山名がついたと言う。

コース　花輪越登山口〜いっぷく峠〜皮投岳　往復

登山口は秋田県側の花輪越になる。広い登山道を進むと、やがて三角点のある三倉山、花輪スキー場分岐。ブナ林の中を進むと急な登りが待っている。ここを登りきるといっぷく峠。少し行くと山並みが一望でき、さらに山頂部も見えてくる。ネマガリダケの刈り払いされた稜線を登ると山頂だ。山頂は広場になっており、北東北の主な山々を見渡すことができる。下山は往路を下る。
参考タイム／花輪越→【1:20】皮投山→【1:00】花輪越

1月	2月	3月	4月	5月	6月	7月	8月	9月	10月	11月	12月
積　雪　期				登　山　適　期						積雪期	

アクセス	マイカー／東北自動車道の鹿角八幡平ICから国道282号を北上。扇の間交差点を右折。195号を東へ向かうと途中に花輪スキー場。ここから道が狭くなり、カーブをいくつか通過すると花輪越登山口。駐車は多数可能。トイレなし。 問合わせ／鹿角市役所 ☎0186-30-0203 　　　　　八幡平市役所 ☎0195-74-2111

100名山ガイド「山野あゆむ」が案内します！

登山口 732m

花輪スキー場からの道と合流するよ

863m

いっぷく峠

峠の手前は急な登りだよ

1,016m

北東北の山々と山頂部が見えるよ

皮投岳 1,122m

ネマガリダケの登山道辛抱して登ろうね

300m　国土地理院地形図

その他コース　花輪スキー場からのコース（西側）、五ノ宮嶽からの縦走コース（南側）

登山口にあるキャンプ場、酒を呑みつつ満天の星が心にしみる。

⑪ 久慈平岳 くじひらだけ
706m

標高差 61m、歩行距離 0.7km
三等三角点
山頂から360度の展望

［難易度／★☆☆☆☆　歩行時間：25分、登り：15分、下り：10分］

県道269号明戸種市線から眺める山頂

キャンプ場がある登山口

休み処がある山頂

岩手県北部に位置し洋野町と軽米町の境に跨る山で、登山口にはキャンプ場と久慈平神〔社〕がある。綺麗なトイレと小ぶりながらステージ小屋、観客席も用意されている。6月の〔山〕開きでは安全祈願、郷土芸能や舞踊の発表会なども行なわれ、満開のツツジや参拝馬が〔練〕り歩く様で大いに盛り上がるだろう。ここまで林道が通っているので15分程で山頂だ。

	1月	2月	3月	4月	5月	6月	7月	8月	9月	10月	11月	12月
コース 登山口〜久慈平岳　往復	積雪期			登 山 適 期								積雪期

〔駐車〕20〜30台停まれる駐車場から山頂に向かう。登山道は〔キ〕チンと整備され遊歩道になっている。東屋が建ってい〔て〕途中には展望台もあり、太平洋側が一望できる。少し〔登〕って正面に階上岳（種市岳）が見えたら頂上だ。360度〔の〕景色を味わってほしい。

下山してからキャンプ場で宴会を開き、満天の星を楽しむのも良いだろう。無料で泊まれる。

〔参〕考タイム／登山口→【0:15】久慈平岳→【0:10】登山口

アクセス
マイカー／軽米ICから国道395号を久慈方面へ進む。県道20号を種市方面へ左折し、県道11号を大野方面へ右折すると左側に向田小学校の看板と見づらい登山口の看板が出てくる。左折し突き当りを左折すると途中から砂利道になり4Km程でキャンプ場に着く。
問合わせ／洋野町地域振興課　☎0194-77-2111

〔そ〕の他コース 洋野町小茅生〜（北側）

↑小茅生
久慈平岳
706m
太平洋が見え、ツツジが素晴らしいよ
登山口
645m
674
駐車場には30台ほど停めれるよ
550
100名山ガイド「山野あゆむ」が案内します！
·578
蛇石山
524m
県道11号↓
300m　国土地理院地形図

ミズナラの群生や七滝・大地獄谷など、ダイナミックな自然が満載

⑫ 黒倉山 くろくらやま 1,570m

標高差 948m
歩行距離 12.8km
山頂から360度の展望

[難易度 ★★★☆☆　歩行時間：4時間20分、登り：2時間35分、下り：1時間45分]

姥倉山分岐付近から眺める黒倉山

　この周辺の登山コースは、網張・松川温泉・七滝、50kmある裏岩手縦走路など、どのコースも四季折々の景色を楽しめるが、今回は七滝コースを紹介する。ミズナラの群生から始まり、滝・湿原・火山獄谷と変化に富んだコースは、2カ所の見所がある。

　1つ目はコース途中の七滝、落差20mで、夏は滝壺から吹き上げる冷気が爽やかで、冬は氷瀑見学ができるスノーコースである。そして2つ目はコース終盤の大地獄谷、吹き上げる蒸気を横に活火山であることを体感しながらの登山だ（※硫化水素ガスには注意）。

七滝登山口

七滝

湯の華採取跡付近

アクセス
マイカー／東北道西根ICから、国道282号から県道23号に入り、八幡平温泉郷・県民の森方面へ。岩手山パノラマラインに入り、道なりに行くと県民の森となる。
問合わせ／八幡平市商工観光課 ☎0195-74-2111
入浴施設／八幡平ハイツ ☎0195-78-2121

スタートは幅広の林道を進む。「野鳥観察舎」を過ぎ、分岐左側の道を10分程歩くと七滝
岐到着。次第に勾配はきつくなり登りきると「一服峠」。この先左俣沢にかかる橋を渡り
間を抜け、佐保沢と地獄谷の沢音を聞きながら尾根を登る。地獄谷の手前に白い湯華が
れる湯の華採取跡があり、その後コース核心の「大地獄谷」、急斜面の砂尾根には充分注
したい。ここを登りきり大地獄谷分岐、姥倉山2.4km看板。「切通し」から「黒倉山方面
km」の看板を過ぎ、やがて黒倉山山
に到着する。帰路は往路を下る。

考タイム／登山口→【1:05】一服峠→【0:55】
大地獄谷分岐→【0:35】黒倉山→【1:45】登山口

00名山ガイド
「山野あゆむ」
案内します！

登山口
622m

ここまで
林道を歩くよ

水量が多い滝が見えるよ
冬には氷瀑が美しいよ

七滝 七滝展望台

湯の華採取跡付近まで
紅葉が美しいよ

焼切沢 一服峠

ザレザレの急斜面
だから気をつけてね

湯の華採取跡

に岩手山の展望は
イナミックで美しいよ

倉山
517m

黒倉山
1,570m
大地獄谷
分岐

00m 国土地理院地形図 切通し

山頂から眺める岩手山と大地獄谷

うすいガスに煙る山頂

1月	2月	3月	4月	5月	6月	7月	8月	9月	10月	11月	12月
積雪期			登山適期							積雪期	

コース上に咲く花

オノエラン
エゾツツジ
コイワカガミ
コケイラン
ショウキラン
ツマトリソウ　など

ハクサンシャクナゲ

の他コース　松川コース（北西側）、網張コース（南西側）、岩手山へ（東側）、裏岩手縦走（北西側）

素朴な温泉地から雄大な風景を眺め、花と湿原を訪ねる大人気の山

⑬ 源太ヶ岳 げんたがたけ 1,545m

| 標高差 709m |
| 歩行距離 10.6km |
| 山頂から360度の展望 |

[難易度／★★★★☆　　歩行時間：5時間55分、登り：2時間45分、下り：3時間10分]

大深岳付近から眺める源太ヶ岳

八幡平と岩手山の縦走路の中ほどに位置する源太ヶ岳は、松川温泉を起点にピストンで登ることができるし、健脚者は三ッ石山経由の周回もできる。岩手山の展望が良く北面にまわれば八幡平も臨むことができる。開けた登山道、ハイマツの稜線、そして高層湿原には花の種類も多い。アプローチが良いので登山者も多く、シーズンには駐車場もいっぱいになるほどだが、周回して立ち寄る大深湿原は人も少なく静かだ。周囲を山と川に囲まれ温泉やキャンプ場も多いのでゆっくりすごしたいエリアである。

登山口

丸森川出合付近のブナの巨木

お花

アクセス
マイカー／東北自動車道西根ICを出て国道282号に入り八幡平方面に進む。県道23号経由で岩手山パノラマラインに入る。その後左折して県道212号から松川温泉を目指す。
問合わせ／八幡市観光協会 ☎0195-78-3500
入浴施設／松楓荘 ☎0195-78-2245、松川荘 ☎0195-78-2255、峡雲荘 ☎0195-78-2256

駐車は7、8台置ける場所が幾つかあるが、一番下の駐車場にはトイレがある。そこか
登山口までは林のなかの道を適当に上がっていく。登山口からは遊歩道のような緩い登
が小一時間ほど続く。地図にある上倉沼は見えなかった。やがて急登となるがそれも短
間で頂上と大深湿原の分岐に至る。分岐から頂上へ向かう道でようやく岩手山が全貌を
し高山植物も増えて来る。山名標識は頂上の少し手前の展望地に設けられている。

頂上から大深山荘へは西に向かい、両手に岩手山と八幡平を見ながら平坦地を15分ほど
分岐となる。分岐を右に入りたどり着いた大深山荘は、手入れのいき届いた小屋でトイ
を借りることができる。帰路は大深湿原を通り頂上への分岐に戻り、あとは往路を下る。

考タイム／駐車場→【2:10】お花畑分岐→【0:35】源太ヶ岳→【0:15】縦走路出合→【0:20】大深山荘
→【0:55】お花畑分岐→【1:40】駐車場

山頂と大深岳方面

山頂から岩手山方面

月	2月	3月	4月	5月	6月
	積雪期				適期

7月	8月	9月	10月	11月	12月
登山適期				積雪期	

ダイモンジソウ

主な高山植物
・アオノツガザクラ
・エゾシオガマ
・ヒナザクラ
・モウセンゴケ　など

綺麗に手入れされた小屋だよ

お花畑には多種の花が咲き乱れるよ

ここからしばらく急登が続くよ

360度のパノラマがすばらしいよ

樹林の中でここから岩手山が望めるよ

100名山ガイド「山野あゆむ」が案内します！

大深山荘
水場
縦走路出合
高層湿原帯
大深岳
源太ヶ岳 1,545m
お花畑分岐
丸森川出合
変電施設
駐車場 836m
上倉山
丸森

300m 国土地理院地形図

その他コース 裏岩手縦走路〜三ッ石山（南側）、裏岩手縦走路〜八幡平（北側）

田代山 たしろやま 945m

⑭ 田代山 たしろやま 945m

| 標高差309m、歩行距離7.4km |
| 山頂から270度に展望あり |
| 三等三角点 |

駒木立 こまきだて 987m

[難易度／★★★☆☆　歩行時間3時間：登り：1時間40分、下り：1時間20分]

田代牧野から眺める田代山

田代山つつじサン燦道口

七時雨山をバックに田代山山頂

　田代平（たしろたい）の外輪山で、七時雨山と対峙する山。東北最長である北上川の最北の湧水地であり源流となる。三等三角点のある田代山山頂よりも、東側に位置する駒木立の方が高い。6月初旬にはヤマツツジで山が真っ赤に染まりハイカーでにぎわう。山麓には放牧地と高原野菜の畑が広がり、日本とは思えない雰囲気が漂う。

周回コース　田代山つつじサン燦道（さんどう）口〜三方沢山〜田代山〜駒木立〜サン燦道口

　田代山つつじサン燦道口の標識からまっすぐ登ると分岐に出る。ここを左折して5分ほどでテープに導かれて右へ。ここは作業道がまっすぐ続いているので要注意。この辺りはクロモジの木が多く、秋にはクマに気をつけたい。ここから稜線に出ると急に見晴らしが良くなる。三曲山、そして急登の三方沢山を越えると三等三角点のある田代山山頂。七時雨山はもちろん、岩手山や秋田、青森の名峰を展望できる。稜線を一旦コルに下り、急な登山道を最高峰の駒木立を目指す。駒木立は岩手山方面の展望が良い。下りはコルに戻り、標高700mの分岐から西へと続く道をたどり、往路の分岐から燦道口へ戻る。

参考タイム／サン燦道口→【1:15】田代山→【0:25】
　駒木立→【1:20】サン燦道口

1月	2月	3月	4月	5月	6月	7月	8月	9月	10月	11月	12月
積雪期		登	山	適	期					積雪期	

アクセス	マイカー／東北自動車道の安代ICから国道282号、県道6号、県道30号で田代平高原。15台程度駐車可能。トイレなし。
	問合せ／八幡平市役所安代総合支所 ☎0195-72-2111
	入浴施設／七時雨鉱泉 ☎0195-77-2573

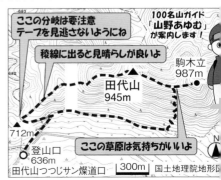
ここの分岐は要注意　テープを見逃さないようにね

稜線に出ると見晴らしが良いよ

100名山ガイド「山野あゆむ」が案内します！

駒木立 987m

田代山 945m

712m

登山口 636m

ここの草原は気持ちがいいよ

田代山つつじサン燦道口

300m　国土地理院地形図

八幡平三大展望台のひとつ。湿原の先に裏岩手連峰を展望する。

⑮ 茶臼岳 ちゃうすだけ 1,578m

標高差218m、歩行距離3.3km
山頂から360度の展望
二等三角点、山岳標高1003山

[難易度／★★☆☆☆　歩行時間：1時間30分、登り：50分、下り：40分]

登山口から眺める茶臼岳

登山口

山頂から岩手山を望む

穏やかな山容の山々に囲まれたなかで、ひときわ目立つ円錐形の山。360度遮るもののない山頂からの展望は、八幡平三大展望台として数えられる。西側には湿原と池塘による黒谷地湿原が広がり、多くの高山植物が咲き乱れる。何と言っても、登り1時間足らずで、雄大な裏岩手の展望を堪能できるのが最大の魅力と言えよう。

コース　バス停〜茶臼山荘〜茶臼岳 往復

1月	2月	3月	4月	5月	6月	7月	8月	9月	10月	11月	12月
積雪期					登山適期					積雪期	

アスピーテラインの茶臼口バス停から登山道に入る。登りはじめは石が組み込まれた急坂を登り、その後木道を歩く。この辺りはハイマツが多いので、運がいいとホシガラスに出会えるかもしれない。右手には、安比方面の山々が大きく広がる。再び急な登山道を登り詰めると、茶臼山荘(避難小屋)に到着する。

山荘から5分程、緩く林の中を登ると山頂に到着する。山頂標識の先には展望の良い石がちあるので、ここで展望を思う存分楽しもう。八幡平から畚岳、ケン岨森へと続く裏岩手連峰の山々、そして何と言っても岩手山が眼前に大きくそびえる。下山は往路を戻る。

参考タイム／茶臼口バス停→【0:45】茶臼山荘→【0:05】茶臼岳→【0:40】茶臼口バス停

マイカー／東北自動車道の松尾八幡平ICから県道45号、県道23号八幡平アスピーテライン。茶臼口バス停脇に5〜6台程駐車可能。
問合わせ／八幡平市役所 ☎0195-74-2111
入浴施設／藤七温泉 ☎090-1495-0950

山荘までくれば山頂はすぐだよ

石の急坂を登るよ

100名山ガイド「山野あゆむ」が案内します！

ここから急な登りだよ

八幡平アスピーテライン→

茶臼山荘

茶臼岳 1,578m

登山口 1,360m

茶臼口バス停

300m　国土地理院地形図

その他コース　北側の赤川登山口〜茶臼岳コース

ブナとミズナラの原生林を行く北上山地北部の最高峰。

⑯ 遠 島 山 とおじまやま 1,262 m

標高差 463m
歩行距離 4.4km
山頂から東側に展望あり

[難易度／★★★☆☆　歩行時間：2時間30分、登り：1時間30分、下り：1時間]

県道29号卯坂峠から眺める遠島山

登山口

太平洋が望める山頂

　久慈市と岩泉町にまたがる北上山地北部の最高峰で、天神森、蓬森と並び花崗岩からなる山である。

　麓には県指定の天然記念物の鍾乳洞「内間木洞」があり、わが国有数の鍾乳洞だ。

　竜ヶ平の下には遠島山荘があり2020年10月に改装され、ここに滞在するのも良いだろう。遠島山荘までは林道が通り、車で上がることが可能だ。

コース 遠島山荘（登山口）〜遠島山 往復

1月	2月	3月	4月	5月	6月	7月	8月	9月	10月	11月	12
積雪期			登 山 適 期							積雪	

　遠島山荘から林道に出て登り始めるとすぐ四合目道標が現れ、本格的な登山道となる。

　道はしっかり踏込まれ明瞭だ。ミズナラやカラマツ林の中を登っていくと、六合目辺りからブナやダケカンバに変わる。

　八合目道標を過ぎると緩やかになり、山頂に着く。展望は東側に開けている。

参考タイム／
遠島山荘（登山口）→【1:30】遠島山→【1:00】登山口

アクセス	マイカー／東北自動車道滝沢ICから国道4号を北に進み、国道281号を経由して県道29号を久慈方面に進むと内間木洞の標識がある。内間木洞から遠島山荘までは林道を進む。遠島山荘の広場に10台以上駐車可能。トイレあり。 問合わせ／久慈市役所 ☎0194-52-2111 入浴施設／べっぴんの湯 ☎0194-57-2222

100名山ガイド「山野あゆむ」が案内します！

鍾乳洞内間木洞があるから見物してね

遠島山荘
登山口
799m

竜ヶ平にミズナラの巨木があるよ

六合目
1,063m

遠島山
1,262m

東側に展望が開け太平洋が見えるよ

300m　国土地理院地形図

芝草が美しい赤牛の牧場から、ブナ林を抜けると直ぐ山頂だ。

⑰ 遠別岳

とおべつだけ
1,235m

標高差 76m、歩行距離 5.8km
山頂から西南に展望あり

[難易度／★★☆☆☆　歩行時間：1時間55分、登り：1時間、下り：55分]

安家平付近から眺める山頂

ブナの美林が続く登山道

鳥居がある山頂

　遠別岳は北上高地の北部にあり、岩泉町、葛巻町、久慈市の境に位置している。登山口はレストハウス袖山高原から1km程先の左側にあり、袖山駐車場前の道路北側になる。
　コースは芝草の高原、ブナやダケカンバの林を歩き、変化に富んだ山歩きが楽しめる。
　また、この地域では高冷山間地の地の利と、どこまでも続く緩やかな地形を利用しての酪農が盛んに営まれている。

コース　登山口〜安家平〜遠別岳 往復

1月	2月	3月	4月	5月	6月	7月	8月	9月	10月	11月	12月
積雪期				登山適期							積雪期

　登山口から15分程で放牧用のゲートがあり、芝草のきれいな安家平に出る。草原の踏み跡を牛の落し物に気をつけながら、袖山の麓を進む。
　2つ目のゲートを抜け、ブナやダケカンバの林に入る。1,127m地点で90度に曲がると傾斜はキツくなるが、美しいブナ林が迎えてくれる。山頂までは一息だ。山頂からの眺望は西南に広がる。
　下山は往路を戻る。柵は必ず閉めて下山すること。

参考タイム／登山口→【1:00】遠別岳→【0:55】登山口

アクセス

マイカー／国道4号から国道281号(沼宮内野田街道)に入り、江刈川バス停で右折して袖山高原を目指す。駐車場には数十台の車が停められ、トイレもある。
問合わせ／葛巻町役場 ☎0195-66-2111

遠別岳
1,235m

山頂に鳥居や祠、釣り鐘があるよ

美しいブナ林の登山道だよ

牛が放牧されてるから気をつけて通ってね

100名山ガイド「山野あゆむ」が案内します！

安家川源流地

安家森
1,239m

袖山
1,209m

牧柵

安家平

登山口
1,159m

300m　国土地理院地形図

アクセスと藪に悩まされる山。熊に気をつけて万全の対策を。

◆⑱ 中 岳 なかだけ 1,024m
標高差474m、歩行距離11.6km
山頂から360度の展望、一等三角点
日本の山1000、山岳標高1003山

四角岳 しかくだけ 1,003m

[難易度 ★★★★☆ 歩行時間：4時間10分、登り：中岳まで2時間10分／四角岳まで20分、下り：1時間40分]

四角岳への登山道から眺める中岳

　四角岳は、岩手、秋田、青森の3つの県境近くに位置し、東西南北に流れる川の源流になっていることから、この名前が付いた。また中岳山頂には一等三角点があり、猿田彦大神の石碑が建つ。この辺りは昔から銅鉱石が採掘され鉱山として栄えており、登山道は鉱山時代に開かれた山道を活用する。一帯は鉱山跡地であることから、沢水は飲料に不適で飲料水は持参すべきである。なお、この山はネマガリタケが多く熊の出没も多い。熊よけの鈴はもちろん、極力単独での入山は控えるなど対策を取って入山したい。

標識がわかりづらい登山口

中岳山頂から望む四角岳

アクセス	マイカー／東北自動車道の安代ICから国道282号を田山の町まで。「花輪鉱山6km」の標識から北へ進み、Y字路を右に。切通川沿いの林道の中沢橋を渡って左折し2.7km。登山口手前の林道右側路肩に4〜5台ほど駐車可能。 問合わせ／八幡平市役所安代総合支所 ☎0195-72-2111 入浴施設／新安比温泉 清流閣 ☎0195-72-2110

　筆者が訪ねた2022年夏は、8月豪雨によって大湯温泉側の不老倉登山口までの林道は崩壊し通行不能であった。今回紹介する岩手側コースは、最近は刈り払いを行っていないようで所々深い藪がある。藪対策と藪の中でも登山道を見失わない技量が必要だ。

　登山口から作業道を登っていくと尾根に出る。平坦なブナ林の道を進むとやがて小沢に出る。沢水は飲用不適なので汗をぬぐう程度で我慢しよう。しばらく進むと「四角分教場之跡」と書かれた石碑が出てくる。鉱山が盛んだった大正初期に開講されていたらしい。この辺りから十字分岐を目指して登る。十字分岐から、まずは西へ進路をとり急登をこなせば中岳山頂に着く。山頂から北東北の山々を一望しよう。十字分岐に戻って東に進むと四角岳山頂。山頂から少し東に道を辿ると岩手・秋田・青森の三県境だ。下山は往路を下る。

参考タイム／登山口→【1:55】十字分岐→【0:15】
中岳→【0:20】四角岳→【1:40】登山口

四角岳
1,003m

最後の登り
頑張ってね

十字分岐

中 岳
1,024m

ここは左に曲がるよ
真っ直ぐではないよ

四角分教場之跡
の碑があるよ

沢があるけど
飲むのはやめようね

沢出合

やや下り気味の
トラバース道だよ

ブナの尾根に
出るよ

100名山ガイド
「山野あゆむ」
が案内します！

尾根出合

登山口
550m

登山口は標識が藪に
隠れていてわかりづらいよ

300m　国土地理院地形図

中岳山頂

中岳山頂から遠望する岩木山

四角岳山頂

1月	2月	3月	4月	5月	6月	7月	8月	9月	10月	11月	12月
積雪期				登山適期						積雪期	

その他コース 秋田県の大湯温泉側の不老倉登山口からのコース、青森県の花木ダムからのコース

山懐に素敵な空間を持ち、来る人の心をつかむ七時雨。

⑲ 七時雨山 ななしぐれやま 1,063m

標高差417m、歩行距離8.2km
山頂から360度の展望
北峰に一等三角点、東北百名山
日本の山1000、山岳標高1003山

[難易度 ★★★☆☆　歩行時間：4時間10分、登り：2時間25分、下り：1時間45分]

向かいの田代山から眺める七時雨山

　七時雨山は奥羽山脈の北部、八幡平市安代町の東方に位置する。

　美しい山名は、日に何度も天候が変わることで「ななしぐれ」の由来とされている。火山であったこの地域の中心には田代平高原（カルデラ）があり、田代山、毛無森、西岳などが外輪山で、その後七時雨山ができた。2つの山頂（双耳峰）を持つ優美な立姿は登山者以外にも多くの人に親しまれている。

　山麓一帯は古く南部馬の産地となっていたが、現在では酪農、高原野菜などが盛んに営まれている。コースは田代平、高清水、西根寺田コースとある。いずれも3時間位で往復出来る。登山道は放牧場（民営地）の中を歩くのでマナーを守って歩きたい。

登山口

放牧場

三合目

アクセス	マイカー／東北道安代ICから国道282号へ進み、県道6号を二戸市方面へ入り、県道30号を経由して田代平登山口へ。田代平駐車場にはトイレもある。 問合わせ／八幡平市役所安代総合支所 ☎0195-72-2111 入浴施設／新安比温泉 清流閣 ☎0195-72-2110

田代平登山口は、駐車場からと七時雨山荘からの2ヶ所の登山口があり湿原を抜けたところの作業道で交わる。作業道から放牧地の中を進み、右手の広大な畑を過ぎた所に三合目の標識がある。ここからは登山道らしくなりブナの林が広がる。登山道をしばらく登ると尾根道となり、左右の景色も少しずつ見えてくる。

笹の急登を登れば一等三角点の北峰山頂だ。ここでの眺望も良いが、更に15分位進んだ南峰からの景色は圧巻だ。眼下に広がる田代平高原から目を上げていくと、田代山から毛森と外輪山を見渡せ、岩手山、八幡平と全方位の眺望だ。下山は往路を下る。

参考タイム／登山口→【0:45】三合目→【1:25】北峰→【0:15】南峰→【1:05】三合目→【0:40】登山口

北峰山頂

南峰山頂

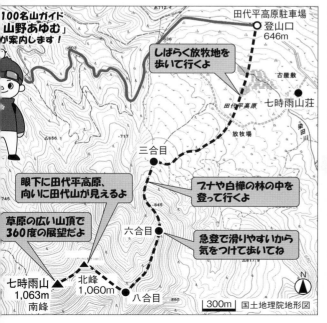

「100名山ガイド
山野あゆむ」
が案内します！

田代平高原駐車場
登山口
646m

しばらく放牧地を
歩いて行くよ

七時雨山荘

三合目

ブナや白樺の林の中を
登って行くよ

眼下に田代平高原、
向いに田代山が見えるよ

六合目

急登で滑りやすいから
気をつけて歩いてね

草原の広い山頂で
360度の展望だよ

七時雨山
1,063m
南峰

北峰
1,060m

八合目

300m　国土地理院地形図

1月	2月	3月	4月	5月	6月
積雪期				登山適期	

7月	8月	9月	10月	11月	12月
登山適期				積雪期	

湾曲したブナ

主な高山植物

・アケボノスミレ
・キクザキイチゲ
・ミズバショウ　など

その他のコース

■車之走峠（南西側）
■軽井沢（北西側）

⑳ 階上岳 はしかみだけ 739m

標高差 129m、歩行距離 1.9km
山頂から北側に展望あり、一等三角点
日本の山1000、山岳標高1003山

[難易度／★★☆☆☆　歩行時間:50分、登り:30分、下り:20分]

県道42号から眺める階上岳

大開平駐車場

山頂広場

　岩手県最北端に位置する山で、恐竜が生息する時代にマグマが固まり、山全体が大きな岩で出来ている山である。別名種市岳とよばれる。残念ながら岩手県側から登れる一般的な登山道は廃道になり、青森県側から大開平まで車で上がり頂上を目指すことになる。

　頂上からは八戸市街を始め蕪島(かぶしま)、葦毛崎などの太平洋側が一望でき、青森県側の眺めは素晴らしい。

コース　駐車場～階上岳　往復

1月	2月	3月	4月	5月	6月	7月	8月	9月	10月	11月	12月
積雪期				登山適期							積雪

　山頂に向かう登山道はきちんと整備されており、途中から登山道は遊歩道と直登道に分かれているが、どちらも頂上に辿り着く。大開平では6月過頃に鮮やかなツツジ群落が見頃だ。

　歩き始めて10分位の所に奇麗なトイレが設置してある。ここを過ぎると急登が始まり、登り切ると祠があり、右にそれると階上岳頂上に立つ。展望台から青森県側の眺めは素晴らしい。

　下山は往路を戻る。

参考タイム／大開平駐車場→【0:05】大開平→【0:25】
　階上岳→【0:20】駐車場

アクセス
マイカー／八戸自動車道南郷ICを降りて県道42号を階上町方面へ、暫く走って階上岳の看板を右折すると頂上看板に導かれて大開平駐車場登山口に着く。
問合せ／階上町役場総合政策課政策推進グループ☎0178-88-2113

この辺はツツジの群生地だよ

テレビ塔があり見晴らしがいいよ

大開平駐車場
610m

100名山ガイド「山野あゆむ」が案内します!

階上岳
739m

眼下に八戸市街、太平洋の眺めが素晴らしいよ

300m　国土地理院地形図

日本昔話に出てきそうな、何となく懐かしい双耳峰。

㉑ 二ッ森 ふたつもり 623m

標高差305m、歩行距離5.0km
北峰に展望あり

[難易度／★★★☆☆　歩行時間：2時間、登り：1時間10分、下り：50分]

町道から眺める二ッ森

林道途中の登山口

北峰の阿部八幡神社

　二戸郡一戸町に立つ双耳峰でどこかホッコリする里山である。この辺りには根反の大珪化木があり、周囲の珪化木林も含めて観察できるのは、日本では一戸町だけである。
　下山したら是非行って欲しい！この山は南峰が頂上とされているようだが、最高点は北峰の623mになる。南峰鳥居より30分程で往復できるので北峰も登って欲しい。

コース　登山口〜南峰〜北峰〜登山口

1月	2月	3月	4月	5月	6月	7月	8月	9月	10月	11月	12月
積雪期			登山適期							積雪期	

　車を置いたらひたすら林道を歩くと廃墟が現れ、ここから上りが始まる。樹林帯の林道を登り切ると1つ目の鳥居が立っていて南峰の入口である。通り過ぎると15分程で2つ目の鳥居が現れ北峰の入口になる。
　小さい鳥居をくぐれば、頂上は直ぐそこだ！頂上からは里山の景色が広がる。

参考タイム／登山口→【0:40】作業道分岐→【0:15】南峰→【0:15】北峰→【0:20】作業道分岐→【0:30】登山口

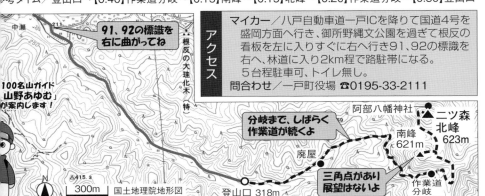

91、92の標識を
右に曲ってね

100名山ガイド
山野あゆむ
が案内します！

アクセス

マイカー／八戸自動車道一戸ICを降りて国道4号を
盛岡方面へ行き、御所野縄文公園を過ぎて根反の
看板を左に入りすぐに右へ行き91、92の標識を
右へ、林道に入り2km程で路駐帯になる。
5台程駐車可、トイレ無し。
問合わせ／一戸町役場 ☎0195-33-2111

分岐まで、しばらく
作業道が続くよ

廃屋

三角点があり
展望はないよ

阿部八幡神社
二ッ森
北峰
623m
南峰
621m
作業道
分岐

登山口 318m

△415.5

300m　国土地理院地形図

N

八幡平国立公園の山々を望む展望と紅葉の名山。

㉒ 三ッ石山

みついしやま
1,466m

標高差642m、歩行距離10km
山頂から360度の展望
東北百名山

[難易度 ★★★☆☆　　歩行時間：4時間30分、登り：2時間30分、下り：2時間]

三ッ石山荘の先から眺める三ッ石山

　岩手山から八幡平に続く裏岩手連峰縦走コースのほぼ中間地点に位置し、山頂付近がどの方向からも3つの峰に見えることにちなんだ山名と言われている。

　紅葉の名所で栗駒山と並んで県内で最も紅葉が早いと言われ、例年だと9月中旬頃から楽しむことができる。三ッ石山荘周辺には湿原が広がり、ミズバショウやサワギキョウ、ニッコウキスゲなどが楽しめる。

　山頂からは360度の大パノラマが広がり、八幡平国立公園の山々を望むことができる。下山後は、秘湯・松川温泉の白いにごり湯が待っている。

松川温泉登山口

登山道から 左から岩手山、黒倉山、姥倉山

三ッ石山荘と湿原

アクセス	マイカー／東北自動車道松尾八幡平ICから県道45号を右折し、柏台の交差点を212号樹海ライン方面へ左折。9km程で松川登山口駐車場の標識があるので左折すると、50mで駐車場となる。駐車場には20台以上可能。トイレ、水場あり。 問合わせ／八幡平市役所 ☎0195-74-2111 入浴施設／松川温泉峡雲荘 ☎0195-78-2256

登山口駐車場から松川温泉へ下ると右手に登山口が見えてくる、人気な山だけに登山道
よく整備されている。出だしから階段状の登りがしばらく続くが、松川大橋との分岐を
ぎるとやや穏やかな登りに変わる。この辺りから木々の合間に、岩手山を望めるので一
入れるのもよいであろう。やがて木道が出てくると突然視界が開け三ッ石山荘が現れる。
ラスからはこれから登る三ッ石山の雄姿を望め、休憩には良い場所だ。
湿原を横切り、雄大な岩手山をバックに展望の良い笹原の景色を楽しみながら登ってい
う。稜線に上がると、一旦平坦になり目の前の露石の急登を登れば山頂だ。
下山は往路を戻ろう。なお、三ッ石山へは綱張温泉からのルートが最短であるが、林道
開通期間が限定されるため松川温泉からのルートを紹介した。

考タイム／登山口→【1:50】三ッ石山荘→【0:40】三ッ石山→【0:30】三ッ石山荘→【1:30】登山口

山頂の手前から

山頂から望む岩手山

100名山ガイド
「山野あゆむ」
が案内します！

この辺から左に
岩手山が見えるよ

山荘まで展望は無いので
お花を眺めて歩いてね

県内の山々を見渡す
素晴らしい展望だよ

お花が豊富なので
眺めながら登ってね

奥産道

松川荘

登山口
824m

1,031m

1,136m

三ッ石山
1,466m

三ッ石
湿原

三ッ石山荘
1,281m

大松倉山
1,408m

奥産道

300m 国土地理院地形図

山頂から望む秋田駒ヶ岳

1月	2月	3月	4月	5月	6月	7月	8月	9月	10月	11月	12月
積雪期			登山適期							積雪期	

主な高山植物

・コバイケイソウ
・クルマユリ
・シラネアオイ
・チングルマ
・ハクサンフウロ
・ニッコウキスゲ など

キクザキイチゲ

その他コース 奥産道網張ゲート〜（南西側）、岩手山から縦走（東側）、八幡平から縦走（北側）

畚岳で八幡平の展望を楽しみつつ、裏岩手の気分を満喫する。

㉓ 諸桧岳 もろびだけ 1,516m

標高差：諸桧岳 50m、畚岳 112m
歩行距離 7.0km
山頂から360度の展望

[難易度 ★★★☆☆　歩行時間：2時間35分、登り：畚岳まで35分/畚岳～諸桧岳まで50分、下り：1時間10分

茶臼岳から遠望する諸桧岳

裏岩手縦走路登山口

山頂標識

　裏岩手縦走路の途中にあり、山頂は平坦でハイマツが生い茂る山。諸桧とはアオモリ　ドマツ（オオシラビソ）の方言であり、八幡平が群生密度日本一と言われている。途中に　ち寄る畚岳は、山頂部が秋田県側にあり、標高も諸桧岳よりも高い。山名の由来はモッ　を伏せたような山容から来ており、八幡平の三大展望地の一つで360度の展望が広がる。

コース 縦走路入口～畚岳分岐（畚岳往復）～諸桧岳 往復

　裏岩手縦走コースの案内板から明瞭な登山道を進み、分岐から急な登山道を進むと畚岳山頂。テーブル状の八幡平の景色を楽しみたい。一旦分岐に戻り、のっぺりした山容の諸桧岳を目指す。コルに下り笹原の登山道を少し登り返すと諸桧岳山頂標識に着く。諸桧岳最高点は標識の南東約300mの場所にある。

参考タイム／裏岩手縦走路入口→【0:25】畚岳分岐→【0:10】畚岳→【0:10】畚岳分岐→【0:40】諸桧岳→【1:10】裏岩手縦走路入口

1月	2月	3月	4月	5月	6月	7月	8月	9月	10月	11月	12月
積雪期				登山適期						積雪期	

アクセス	マイカー／東北自動車道の松尾八幡平ICから県道45号、県道23号八幡平アスピーテライン。裏岩手コース入口にある駐車スペースに4台程駐車可能。 問合わせ／八幡平市役所 ☎0195-74-2111 入浴施設／藤七温泉 ☎090-1495-0950

その他コース	・藤七温泉から裏岩手縦走路に合流するコース ・裏岩手縦走路を嶮岨森方向から北上するコース

登山口 1,466m
藤七温泉
100名山ガイド「山野あゆむ」が案内します！

畚岳 1,578m

幻想的な湿原を通るよ

ずっとなだらかな登山道が続くよ

1,452m

諸桧岳の山頂標識はここだよ

最高点のここまで行こうね

諸桧岳 1,516m

300m 国土地理院地形図

県央エリア 25山

滝沢市、花巻市、盛岡市
雫石町、紫波町、矢巾町

1 岩手山 P24	**32** 鎌倉森 P74	**41** ナメトコ山 P88
24 朝島山 P62	**33** 鞍掛山 P75	**42** 南昌山 P90
25 東根山 P64	**34** 黒森山 P76	**43** 箱ヶ森 P92
26 犬倉山 P66	**35** 鶏頭山 P78	**44** 八方山 P93
27 烏帽子岳 P68	**36** 毛無森 P80	**45** 姫神山 P94
28 大白森 P70	**37** 駒頭山 P82	**46** 曲崎山 P96
29 男助山 P71	**38** 駒ヶ岳横岳 P84	**47** モッコ岳 P98
30 鬼ヶ瀬山 P72	**39** 笊森山 P86	
31 貝吹岳 P73	**40** 鑪 山 P87	

山頂からは眼下に紫波の町と、遠く志和三山の展望が広がる。

㉔ 朝島山 あさしまやま 607m

標高差 267m、歩行距離 3.0km
山頂から360度の展望
二等三角点

[難易度 ★★☆☆☆　　歩行時間：1時間55分、登り：1時間10分、下り：45分]

県道208号から眺める朝島山

　盛岡市南東部に位置し、大ヶ生三山（朝島山、鬼ヶ瀬山、黒森山。乙部三山ともいう）の一つである朝島山は、急な登りが続くものの、1時間も登れば山頂からは紫波方面の絶好の展望と早池峰山を望むことができる。

　今回は立岩神社コースを登り中央コースを下山したが、中央コースの方が急なので、中央コースを登って立岩神社コースを下りた方が良いかもしれない。

立岩神社コース登山口

中央コース登山口

アクセス	マイカー／国道396号から県道208号大ヶ生徳田線に入り、途中から朝島観光りんご園方面に左折。りんご園には無料の駐車場がある。立岩神社コースと中央コース又方の登山口付近にも数台停めることが可能だが路肩駐車となる。 問合わせ／盛岡市役所 ☎019-651-4111、岩手県観光協会 ☎019-651-0626 入浴施設／盛岡市南仙北に喜盛の湯、矢巾温泉に矢巾町国民保養センターなどがある。

周回コース 中央コース登山口〜立岩神社コース〜朝島山〜中央コース〜登山口

朝島観光りんご園駐車場から県道208号からの道を歩くと中央コースの登山口に着く。
口には大ヶ生・朝島山コースとの標識がある。さらに車道を進むと立岩神社コースの立
な登山口に着く。朝島山登山口と書かれた案内と道の地図がある。

登山道に入るとすぐ鳥居があり、更に少し登れば立岩神社がある。道は神社の左手を登
ていく。足元に注意しながら急な道を登っていくと山頂に着く。山頂にはベンチがあり、
波方面の大展望をゆっくり満喫できる。

下りは紫波方面の展望の反対側の道を下る。急な道を下っていくと鉱石跡コースと中央
ースの分岐に着く。標識があるので右の中央コースを下る。さらに下れば朝島観光りん
園の駐車場に着く。

考タイム／中央コース登山口→【0:15】立岩神社コース登山口→【0:55】朝島山→【0:45】登山口

立岩神社の祠

志和三山が見える頂上

00名山ガイド
「山野あゆむ」
案内します！

朝島山
607m

立岩神社コース

N

立岩神社コース
登山口

中央コース

鉱石跡
コース

・344

岩手山や早池峰山
などが見えるよ

チゴユリ、イカリソウ
などの花が咲くよ

急でロープがあるから
気をつけてね

中央コース登山口
340m 車3台駐車
朝島観光りんご園

大森山
409m

立岩神社コースと
中央コースは
ここから始まるよ

・318

300m 国土地理院地形図

↓県道208号

1月	2月	3月	4月	5月	6月
積雪期			登山適期		
7月	8月	9月	10月	11月	12月
登山適期				積雪期	

シラネアオイ

主な高山植物

- ・シラネアオイ
- ・ヤマツツジ
- ・ヤマボウシ
- ・チゴユリ
- ・イカリソウ　など

アクセスしやすく、花や眺望に恵まれたハイカー人気の山。

㉕ 東根山 あずまねやま 928m

標高差 718m、歩行距離 8.5km	山頂から展望ないが展望地からあり
一等三角点	日本の山1000、山岳標高1003山

[難易度 ★★★☆☆　歩行時間：3時間55分、登り：2時間15分、下り：1時間40分]

志和街道から眺めるコタツ形の東根山

　志和三山は北から箱ヶ森、南昌山と続き、南端にあるのが東根山。東京方面から新幹線で北上すると、盛岡に到着する直前に西側に大きくその姿を見せる。地元ではどっしりした台形の形状から「こたつ山」とも呼ばれている。

　四季をつうじて登山者で賑わうが、特に春の山野草の季節とキノコ狩りの季節には人気の高い山である。また麓には、温泉、神社、ダム、名水などがあり、散策やいこいの場所として家族連れで楽しめる山である。

登山口

二の平

蛇石展望台の露岩

アクセス	マイカー／東北自動車道紫波ICから県道162号を西に進み、志和古稲荷神社を左手に見てそのまま進むと、左にラ・フランス温泉館が見えてくる。 問合わせ／紫波町役場 ☎019-672-2111 入浴施設／ラ・フランス温泉館 ☎019-673-8555

ラ・フランス温泉館近くの登山口から杉林の道をたどる。途中猫の背コース分岐があり、￼のまま進むと山道に変わる。やや傾斜が落ちたところが一の平。木のベンチがあるので￼憩に良い。植林から解放されると、左に水場への分岐を分ける。左の水場に寄っても、￼の先で合流する。そこが二の平。ここにも木のベンチがあり一息つくことができる。そ￼からブナの林の急坂を登ると蛇石展望台に着く。ここは是非とも左方向にある露岩に登￼て眼下の田園風景を楽しみ、汗を拭おう。さらに七曲りといわれる斜面を登ると草原状￼展望地に着く。ここがこの山一番の展望で、芝に腰をおろして是非ランチを楽しみた￼ころだ。ここから稜線伝いにわずかに進むと一等三角点の東根山山頂。残念ながらここ￼はあまり展望は楽しめない。下山は往路を下る。

考タイム／ラ・フランス温泉館→【0:50】一の平→【0:25】二の平→【0:25】蛇石展望台→【0:25】
展望地→【0:10】東根山→【1:40】ラ・フランス温泉館

山頂の一等三角点　　　　　　　　　　　　　展望地から南昌山方面

月	2月	3月	4月	5月	6月	7月	8月	9月	10月	11月	12月
積雪期		登 山 適 期								積雪期	

主な高山植物

カワラナデシコ

・エゾエンゴサク
・シラネアオイ
・スミレサイシン
・ミヤマエンレイソウ
・ミヤマカタバミ
・ホトトギス など

↑志和三山縦走

東根山
928m▲

望地

最後の登り七曲り、頑張ろうね

100名山ガイド「山野あゆむ」が案内します！

蛇石展望台

蛇石から展望を楽しもうよ

景色を見ながらここでランチだよ

水分神社

二の平

杉林の林道を歩くよ

水場に行くならここから左だよ

一の平

ここから登山道の始まりだよ

登山口
210m

ラ・フランス温泉館

300m　国土地理院地形図

温泉保養公園

その他のコース

■志和三山縦走（北側）

週末のファミリー登山に最適な山。晴れた日は最高の景色が楽しめる。

㉖ 犬倉山 いぬくらやま 1,408m

標高差465m、歩行距離6.7km
山頂から一部の展望あり

[難易度 ★★★☆☆　歩行時間：2時間30分、登り：1時間35分、下り：55分]

網張スキー場リフト展望台から眺める犬倉山

　犬倉山の麓、網張温泉は開湯1,300年。源泉となる「大地獄谷火山ガス」の噴射音がするその先に犬倉山がある。この周辺の山は「倉」と名の付く山が多く丘陵のイメージだ。そこで倉と名のつく山が全国にいくつあるか調べてみると約350座。岩手県には50座以上、八幡平には27座ある（地元団体調べ）。なるほど、火山や浸食による丘陵的な山がこのエリアに多く、そのイメージで登山口に到着すると見上げる山は急斜面。

　そこでお薦めは、網張温泉スキー場のリフト利用だ。平日は第一リフト（標高855m地点まで）のみの運行、週末（土・日）は終点となる第三リフトに乗車でき標高1,320m地点まで運んでくれる。そこから約15分で山頂に到着。週末は家族で楽しめる最高の山だ。

スキー場登山口

スキー場を登って行く

網張元湯と鎌倉茶

アクセス	マイカー／国道46号を秋田方面へ約6km。つなぎ十文字交差点から県道219号を小岩井牧場方面へ約6km走り、小岩井牧場を過ぎ、道なりに11kmで網張温泉スキー場に到着。 問合わせ／雫石町観光商工課 ☎019-692-6407 入浴施設／岩手網張温泉休暇村 ☎019-693-2211

登山道はリフト脇にあるが、今回は平日運行されている第一リフトを利用する。リフト を降りて、ゲレンデ内にある登山道を登っていくと約40分で兎平ロッジ。その後稜線へと つながる急斜面を登り、ロッジから約30分で緩やかな稜線に到着する。この先は両脇が刈 り払いされた笹道を進み、途中第三リフト駅舎。階段から木道へと続く道をたどり、「犬倉 山分岐まであと0.3km」の標識に導かれ分岐到着。途中、大地獄谷火山ガスの物凄い音に驚 きながら山頂に向け登って行くと、突然大きな山頂標識が現れる。

ここが犬倉山山頂かと勘違いするが、頂 上はこの看板から周遊した所にあり、筆者 は時計周りに歩き頂上へと向かう。赤旗が ある箇所が頂上で、その先には展望台もあ り雫石の街並等、素晴らしい景色が楽しめ る。下山は大標識に戻り往路を下る。

参考タイム／登山口→【1:20】兎平分岐→【0:15】 犬倉山→【0:10】兎平分岐→【0:45】登山口

山頂の手前

黒倉山分岐　　↑黒倉山
兎平分岐
大松倉山
犬倉山
1,408m
・1343
展望台
展望がいいよ
●網張元湯
・1274
第三リフト終点だよ
鎌倉森
1,317m
数々の花が咲いているので 花を見ながらのんびり歩こうね
リフトの近くを 登って行くよ
100名山ガイド 「山野あゆむ」 が案内します！
▲917m
網張温泉スキー場
・806
・797
●網張温泉
登山口
801m
N
300m　国土地理院地形図　　小岩井↓

山頂から眺める秋田駒ヶ岳

1月	2月	3月	4月	5月	6月	7月	8月	9月	10月	11月	12月
積雪期			登山適期							積雪期	

主な高山植物
・イワカガミ
・キクザキイチゲ
・コバイケイソウ
・サンカヨウ
・シラネアオイ
・ツバメオモト
・ムラサキヤシオ
・ミネザクラ　など
タチギボウシ

㉗ 烏帽子岳 えぼしだけ 1,478m

標高差 848m、歩行距離 10km	山頂から360度の展望
日本三百名山、東北百名山	日本の山1000、山岳標高1003山

[難易度 ★★★★☆　歩行時間：5時間10分、登り：3時間、下り：2時間10分]

1,428mピーク付近から眺める烏帽子岳

　秋田側では乳頭山と呼ばれる。山頂は岩場となっており目の前に広がる秋田駒ヶ岳から湯森山、笊森山を経て烏帽子岳につながる稜線は美しいの一言だ。目を転じれば岩手山の景色と田沢湖の青さが際立って素晴らしい。この山は麓に温泉と地熱発電の恩恵をもたらすとともに、日本有数規模の高層湿原千沼ヶ原をはじめ多くの池塘を秘める。

　滝ノ上コースは秋田側からのコースに比べ標高差があるが、温泉はもちろん葛根田川沿いに続く渓谷や玄武洞の岩壁、鳥越ノ滝などの景観も楽しめるのが良い。ルートはモリアオガエルの棲む白沼までブナ林、樹林を抜けると草原のなかに池塘が現れ花や鳥も多い。残雪が遅くまで残るためかニッコウキスゲも開花が遅い。

滝ノ上温泉登山口

モリアオガエル繁殖地の白沼

笊森山あん部付近から眺める

アクセス	マイカー／国道46号から、雫石バイパスの谷地から県道212号に右折する。雫石町玄武泉の先から県道194号に入り、滝ノ上温泉の休憩舎に駐車する。 問合わせ／雫石町観光商工課 ☎019-692-6407 入浴施設／滝ノ上温泉 滝観荘 ☎019-656-1866

白沼までは比較的急な展望のないブナ林の登りだ。白沼で一息つくと再びザレ気味の急
登となるが一登りだ。矮木と花の草原に出ると岩手山とその麓が手に取るように見える。
このあたり遅い雪解けのあと多くの池塘が出現する。池塘と展望そして花に時間を忘れる
うちに頂稜の岩稜となる。
　道は広くいたって穏やかだが遮るものがないので強風時には注意しよう。駒ヶ岳方面の
展望は一層素晴らしく離れがたい。下山は往路を戻るほか、千沼ヶ原を経て平ヶ倉登山口
に下りることもできる（笊森山参照）。時間があればぜひ笊森山からの展望も楽しみたい。

考タイム／駐車場→【1:10】白沼→【1:50】烏帽子岳→【1:20】白沼→【0:50】駐車場

池塘と岩手山

山頂から秋田駒ヶ岳を望む

1月	2月	3月	4月	5月	6月
積　雪　期					適期

7月	8月	9月	10月	11月	12月
登　山　適　期				積雪期	

主な高山植物

リンドウ

・ ウスバスミレ
・ コバメツガザクラ
・ シラネアオイ
・ ヒナザクラ
・ ヒメイワカガミ　など

その他コース 乳頭温泉〜（西側）、秋田駒ヶ岳〜（南西側）、裏岩手〜大白森〜（北側）、平ヶ倉沼〜（北東側）

㉘ 大白森 おおじろもり 1,216m

標高差576m、歩行距離10.1km
山頂から東側に展望あり
東北百名山

[難易度／★★★☆☆　歩行時間：3時間45分、登り：2時間5分、下り：1時間40分]

小白森から眺める大白森

鳥居がある登山口

湿原の中の山頂

　岩手・秋田にまたがり登山口は秋田県。ではなぜ岩手百名山？それは鶴の湯温泉があったから。この山を紹介するに地域のこだわりを外しても、この登山口から大白森山を紹介したかった。もう一つ、温泉入口で売っている名物菓子と婆ちゃんも紹介したい。砂糖と小豆を使い口の中でとろりとろけるお菓子「鶴の湯」は婆ちゃんとともに最高のお茶うけ。

コース　登山口〜鶴の湯分岐〜小白森〜大白森　往復

　鶴の湯温泉スタート。5分程で蟹場温泉標識あり、その先林道に出る。林道すぐ右に登山道があり緩やかな道を登っていくと乳頭山分岐となり、その先木道を行くと小白森山山頂、そこから約30分で大白森山頂に到着する。

参考タイム／登山口→【1:15】鶴の湯分岐→【0:20】小白森→【0:30】
　大白森山頂→【0:20】小白森山→【1:20】登山口

1月	2月	3月	4月	5月	6月	7月	8月	9月	10月	11月	12月
積	雪	期			登	山	適	期		積雪期	

アクセス	マイカー／盛岡から国道46号を田沢湖方面へ進み、国道341号へ右折。先達交差点（ENEOSガソリンスタンドあり）で右折。県道127号から194号に入り（国道から約13kmで鶴の湯看板あり）、3km程進むと鶴の湯温泉となる。 問合わせ／仙北市田沢湖観光情報センター ☎0187-43-2111 入浴施設／乳頭温泉組合（7ヵ所の施設あり）☎0187-46-2244

関東森↑
大白森 1,216m　湿原
登山道から西の奥が山頂だが入れないよ
木道の脇に池塘があるよ
1,144m
小白森山 1,145m
鶴の湯分岐
ここから一本の木道が始まるよ
1,101m
100名山ガイド「山野あゆむ」が案内します！
分岐まではぬかるみの道だよ
鶴の湯 登山口 640m
300m 国土地理院地形図

㉙ 男助山

おすけやま 758m

標高差530m、歩行距離6.3km
山頂は展望ないが合流点に展望あり
二等三角点

[難易度／★★★☆☆　歩行時間：2時間30分、登り：1時間30分、下り：1時間]

県道1号盛岡横手線から眺める男助山

登山口

展望がない山頂

雫石町から県道1号盛岡横手線を南下すると道を挟んで左右に山が見える。向かって右男助山、左が女助山。近年道標など整備されてきているので登りやすくなった。ちなみ女助山にも登山道はあり登ることはできる。

周回コース　登山口〜南コース分岐〜北コース〜男助山〜南コース〜登山口

登山道に入って少し登ると林道に出る。この林道を左に下ると先程の登山口より少し下出ることができるが、管理道のため一般車は通行不可なので歩いて登ろう。林道終点よ急な登りとなる。しばらく登ると北コース（新道）と南コースの分岐。今回は北コースをる。急な道を登りきると尾根上にでる。その先で鴬宿温泉から来る道と合流すると東に望が開けた所にでる。ここで南コースと合流すが標識はない。山頂はすぐ先だ。下りは展望がけた所まで戻り、南コースを下り、北コースと合流点に着いたら往路を下る。

考タイム／登山口→【1:30】男助山→【1:00】登山口

マイカー／国道46号から県道1号盛岡横手線に入る。正面に男助山、女助山が見えるようになり、しばらく行くと右にケッパレランドがあるが、無雪期には目立たない。車はケッパレランドに駐車する。コース入口と書かれた看板が登山道入口となる。
問合わせ／雫石町観光商工課 ☎019-692-6407
入浴施設／鴬宿温泉には日帰り入浴施設が何軒かある。

1月	2月	3月	4月	5月	6月	7月	8月	9月	10月	11月	12月
積雪期			登山適期								積雪期

急な登りが始まるよ
ケッパレランド
登山口 228m
北コース
南コース合流点
南コース分岐
南コース
男助山 758m
鴬宿コース合流点
この辺が展望あるよ
300m 国土地理院地形図

100名山ガイド「山野あゆむ」が案内します！

の他コース　鴬宿からウグイス坂コース（西側）

乙部三山の最奥に位置する山。山頂南の展望台からの景色がよい。

❸⓿ 鬼ヶ瀬山 おにがせやま
723m

標高差 120m、歩行距離 1.8km
山頂は部分的に展望あり
二等三角点

[難易度／★★☆☆☆　歩行時間：53分、登り：30分、下り：23分]

県道43号から眺める鬼ヶ瀬山

登山口

アカマツがある山頂

　朝島山、黒森山と合わせて乙部三山と呼ばれ、三山の中で最もハイカーが少なくてマイナーな山。山中には至る所に林道が走っている。今回は細野からのコースを紹介する。

コース 　登山口〜鬼ヶ瀬山〜展望台　往復

1月	2月	3月	4月	5月	6月	7月	8月	9月	10月	11月	12
積雪期			登 山 適 期								積雪

　林道終点の鉄塔裏に登山道がある。少し行くと右上に登る道があるので、ピンクテープに導かれるように登れば鬼ヶ瀬ミニ公園からの道と合流する。先ほどの右上する道を行かず、真っすぐに行っても公園からの道に合流することができる。後は尾根道を少し登れば山頂に到着。山頂南の小ピークは展望台となっている。帰路は往路を戻る。

参考タイム／鉄塔手前の広場→【0:30】鬼ヶ瀬山→【0:03】展望台→【0:20】鉄塔手前の広場

アクセス
マイカー／国道106号から43号盛岡大迫東和線を右折。細野で林道一盃森線を右折し、直進すると大木生。右鬼ヶ瀬山の標識があるので右折。左手に鬼ヶ瀬ミニ公園の標識あり。しばらく走ると二手に分かれるので左の急な林道に入り、終点まで行くと広場がある。数台の車を停めることができる。
問合わせ／盛岡市環境企画課 ☎019-613-8419

国道106号↑

県道43号

鬼ヶ瀬山
723m

登山口
603m

展望台●

早池峰山や焼石岳が見えるよ

100名山ガイド
「山野あゆむ」
が案内します

300m　国土地理院地形図

飛花落葉　移り変わる世の中に、貝のごとく貫く雄姿。

㉛ 貝吹岳 かいふきだけ 992m

標高差 233m、歩行距離 8.8km
山頂から360度の展望
三等三角点

［難易度／★★★☆☆　　歩行時間：2時間20分、登り：1時間15分、下り：1時間5分］

国見温泉付近から眺める貝吹岳

国見温泉分岐

県境付近にあるヒヤ潟

かつて国道46号の旧道は、貝吹岳と笹森山の稜線をまたいで走っていた。その名称は「仙岩峠」と言い、深い歴史がある。特に林道途中にあった「助小屋」は昔、物流交換の場として活用され歴史を感じる碑が建立されている。車はヒヤ潟まで入れた時期もあったが、今は国見温泉分岐で通行止めとなっている。目指す貝吹岳山頂は主稜線にある反射板の先。今も昔も変わらぬ雄姿で聳え立ち、登山者を優しく迎えてくれる。

コース　国見温泉分岐登山口〜峠開通記念碑〜仙岩峠〜貝吹岳　往復

国見温泉手前、通行止めゲートがスタート。舗装を約20分歩き右に池が見え、その先に峠開通記念碑がある。登山道は記念碑手前林道を左に入る。10分程歩くと「助小屋」の碑、そこから約20分で仙岩峠に到着。
ここから登山道が始まり二基の大きな反射板を経、その先に山頂がある。下山は往路を戻る。

参考タイム／登山口→【1:15】貝吹岳→【1:05】登山口

1月	2月	3月	4月	5月	6月	7月	8月	9月	10月	11月	12月
積雪期			登山適期							積雪期	

マイカー／東北道盛岡ICで下車。国道46号を西方面に進み、途中県道266号に入る三又の路があり右折、ここを通り過ぎると行けなくなるので要注意。あとはカーブが何ヵ所もやり過ごすと登山道入り口となるゲートがある。
問合わせ／雫石町観光商工課 ☎019-692-6475
入浴施設／国見温泉 森山荘 ☎090-1930-2992
国見温泉 石塚旅館 ☎019-692-3355

登山口 759m
国見峠
ヒヤ潟
100名山ガイド「山野あゆむ」が案内します！
小屋跡の碑「助小屋」があるよ
峠開通記念碑があるよ
この下はトンネルだよ
仙岩峠
貝吹岳 992m
300m 国土地理院地形図

エンジョイ♪♪　スノートレック in かまくらもり。

㉜ 鎌 倉 森 かまくらもり 1,317m

標高差 557m
歩行距離 3.4km
山頂から360度の展望

[難易度／★★☆☆☆　歩行時間：1時間45分、登り：1時間15分、下り：30分]

登山ルートから眺める鎌倉森

登り出し付近の枯れた大木

山頂から眺める岩手山

　スノートレッキングという言葉がピッタリな鎌倉森。夏道はなく、積雪期のみ最高のフィールドを提供してくれる。冷温地帯ならではのブナの群生が見ることができ、登山口にはビジターセンターや温泉施設、そして何よりも山頂からの景色を満喫でき、「見て」「触れて」「感じる」観光要素の詰まった山である。

　また、冬山登山としては比較的容易に登れるためビギナー向けである。登山時はビジターセンターに登山計画書を提出し登って欲しい。

コース　キャンプ場入口〜鎌倉森 往復

	1月	2月	3月	4月	5月	6月	7月	8月	9月	10月	11月	12月
登山適期				登山道が無いため藪漕ぎ								

　キャンプ場入口がスタート。樹林帯を登ると、しだいに大きなブナが目立つようになる。標高1,000m付近に平らな場所（大ブナ平）があり、展望を楽しめる。ここから先は急斜面になり、登りきると頂上？と思うが頂上はまだその先だ。

　稜線は狭くなり、右の雪庇に注意しながら登ると山頂到着。下山は強い傾斜を一気に下る。

参考タイム／キャンプ場入口→【0:25】大ブナ平→【0:25】標高1,210m→【0:25】鎌倉森→【0:30】キャンプ場入口

アクセス
マイカー／東北自動車道盛岡ICより国道46号を秋田方面に向かい、途中つなぎ十文字から小岩井農場方面へ右折。約20km走った終点が岩手網張温泉。（約40分）
問合わせ／網張ビジターセンター ☎019-693-3777
入浴施設／休暇村岩手網張温泉 温泉館 ☎019-693-2211

100名山ガイド「山野あゆむ」が案内します！

犬倉山 1,408m

網張元湯

鎌倉森 1,317m

岩手山の展望が素晴らしいよ

1,210m

急な登りになるよ

大ブナ平 1,000m

網張温泉スキー場

登山口には温泉とビジターセンターがあるよ

網張温泉

登山口 760m

300m　国土地理院地形図

③ 鞍掛山 くらかけやま 897m

| 標高差 367m、歩行距離 6.5km |
| 山頂から360度の展望 |
| 三等三角点 |

[難易度／★★★☆☆　歩行時間：2時間10分、登り：1時間10分、下り：1時間]

相の沢牧場から眺める鞍掛山

相の沢キャンプ場登山口

迫りくるような岩手山

名峰岩手山の南南東にある山。岩手山に怒られて頭をちょん切られたから低くなったと、岩手山に鞍を掛けたように見えるからこの名前が付いたとか、この山にはいろいろな来が伝えられている。宮沢賢治の詩「くらかけの雪」にも登場する名山である。登山道は整備されており初心者でも安心て登ることができる。

1月	2月	3月	4月	5月	6月	7月	8月	9月	10月	11月	12月
積雪期				登山適期						積雪期	

周回コース　登山口〜東側コース〜分岐〜鞍掛山〜分岐〜西側コース〜登山口

東側コースから登り、西側コースに下山するコースを紹介する。駐車場から右に行く林に入る。15分程進むと東側コース入口に着く。登山道に入り25分で西側コースからの道合流。少し登ると尾根筋となり、登りきると山に到着。下山は分岐まで戻り、東側コースからる道を左に見送り直進。沢を渡り、水平な道をばらく進むと下りとなり登山口に着く。

考タイム／登山口→【0:15】林道分岐→【0:25】分岐→【0:30】鞍掛山→【0:20】分岐→【0:40】登山口

マイカー／国道46号から県道219号を北上。右に相の沢牧場が見えると道は大きく左にカーブする。すぐに右に相の沢キャンプ場の入口がある。車はキャンプ場の駐車場に停めることができる。

問合わせ／滝沢市役所観光物産課 ☎019-656-6534
入浴施設／網張温泉…県道219号を西に7.4km。日帰り入浴ができる

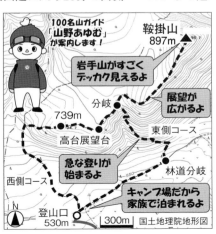
100名山ガイド「山野あゆむ」が案内します！
鞍掛山 897m
岩手山がすごくデッカク見えるよ
展望が広がるよ
分岐
739m
東側コース
高台展望台
急な登りが始まるよ
西側コース
林道分岐
キャンプ場だから家族で泊まれるよ
登山口 530m
300m 国土地理院地形図

せせらぎの音、木立の中の歩きが、安らぎ感じる市民の里山。

㉞ 黒森山 くろもりやま 837m

標高差595m、歩行距離9.1km
山頂から西側の展望が良い
一等三角点、日本の山1000

[難易度 ★★★☆☆　歩行時間：2時間50分、登り：1時間30分、下り：1時間20分]

紫波町北沢地区から眺める黒森山

　盛岡市と紫波町の境に位置し、朝島山や鬼ヶ瀬山と共に「乙部（おとべ）三山」または「大ヶ生（おおがゆう）三山」と呼ばれている。登山口にはトイレ・駐車場が完備されている。登山口付近には金山跡地の万寿抗があり、さらに岩手大学の色々な石彫オブジェが目を楽しませてくれる。

　山の中腹には黒森大権現が祀られている。山頂からは岩手山・姫神山・南昌山・和賀山塊、眼下には盛岡市街が眺められる。

　山頂へは虫壁コース・重石コースがあり、ここでは一般的な虫壁コースを案内する。

万寿抗口

ガロの滝

深沢コースと峠コースとの分

アクセス	マイカー／盛岡から国道396号を南下して県道208号に入る。しばらくすると右側に床屋さんあり。ここに錆びた登山口への看板があり、そこを右折すると直ぐに消防のポンプ小屋があってここを左折。後は道なりに進む。 問合わせ／盛岡市役所　☎019-651-4111

駐車場から舗装道路を進むと、登山道入口の看板があり、ここから虫壁林道へ入る。快
な林道を進み、「飲用水供給施設」を過ぎると「姥湖水明神」辺りから山道になる。ガロ
滝に出たら深沢分岐となる。ここから深沢コースを行く。

何回か小沢を渡り、「➡」の標識に従い樹林帯を登る。重石コースとの分岐に着いたら山
は目の前だ。下山は峠コースを下ろう。峠（辨当場）を経ての深沢分岐からは、来た道を
る。

考タイム／登山口→【0:35】深沢口→【0:55】黒森山→【0:35】峠口→【0:10】深沢分岐→【0:35】登山口

山頂の一等三角点

山頂から望む姫神山

黒森山・頂上展望図

乙部地域協働のまちづくり事業推進委員会
山頂からの展望図

月	2月	3月	4月	5月	6月	7月	8月	9月	10月	11月	12月
積雪期			登 山 適 期								積雪期

岩前山
466m

林道分岐 ●

**ヤマツツジに囲まれた山頂から
岩手山、和賀山塊が見えるよ**

大ヶ生林道　　重石コース

**急な登りだから
ゆっくり行こうね**

黒森山
▲837m

寿抗口
山口
2m

虫壁コース　　深沢コース

峠コース

**ガロの滝は
とても美しいよ**

698m

姥湖水明神　　深沢口

100名山ガイド
「**山野あゆむ**」
が案内します！

峠口

300m　　国土地理院地形図

主な高山植物

カタクリ　キクザキイチゲ

ニリンソウ

・アズマイチゲ
・エイザンスミレ
・カタクリ
・キクザキイチゲ
・ニリンソウ
・ヒナスミレ など

その他コース 重石コース（北西側）

早池峰ダム湖からの姿が堂々とした、早池峰山主稜線に連なる岩峰

㉟ 鶏頭山 けいとうさん 1,445m

| 標高差 925m、歩行距離 6.8km |
| 山頂から360度の展望 |
| 三等三角点 |

[難易度 ★★★★☆　歩行時間：5時間15分、登り：3時間10分、下り：2時間05分]

ニセ鶏頭の先から眺める鶏頭山

　早池峰ダムから眺めると大きく目立つ存在がニセ鶏頭、鶏頭山、毛無森。真ん中が鶏頭山だ。近づくにつれニセ鶏頭の岩場が険しそうだが実際には危ない箇所はない。途中に避難小屋もあり冬季には心強い。登山道沿いは植生の変化がはっきりしており、下部の雑木一色からブナ林に変わり、避難小屋付近からはダケカンバと針葉樹がとって代わる。七折ノ滝分岐あたりからは岩場になり、展望とともに高山植物が見られるアルペンチックな風景になる。早池峰山までの縦走も人気だ。七折ノ滝経由はコース状況を確認しておこう。

登山口

七折ノ滝コース分岐の岩場

鶏頭山山頂

| アクセス | マイカー／盛岡から国道396号を南に進み県道43号に入る。大迫町内川目の県道25号まで出て、岳の登山口駐車場を目指す。
問合わせ／花巻市大迫総合支所地域振興課　☎0198-48-2111
入浴施設／ホテルベルンドルフ ぶどうの湯　☎0198-48-4200 |

岳登山口駐車場から岳川を渡り車道歩き10分ほどで登山口、七折ノ滝の道もここに戻ってくる。畳石まではおだやかな道だ。やがて急登が続くようになり、少し疲れた頃に避難小屋があらわれる。笹に囲まれ展望は無いが手入れされた小屋だ。丁度このあたりから残雪もあるので早春までは水を担がずに泊まれそうだ。小屋からほどなく見えだすピークに期待が膨らむが、これはニセ鶏頭の岩場。展望が開けると風景は一挙に変化し、七折ノ滝への分岐からがこの山のハイライト。岩稜帯はハシゴも最低限で楽しく越えられる。鶏頭山まで展望は欲しいままだ。頂上からは、中岳を経て早池峰山までの主稜線が見通せて誘われるが、縦走する場合は早立ちが必須だ。

毛無森は指呼の間だが藪で積雪期限定。

参考タイム／岳駐車場→【2:10】避難小屋→【1:00】鶏頭山→【0:45】避難小屋→【1:20】岳駐車場

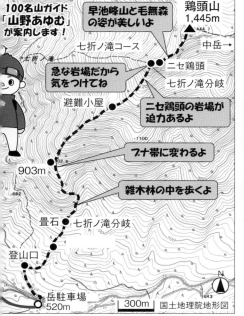

100名山ガイド「山野あゆむ」が案内します！

鶏頭山 1,445m

早池峰山と毛無森の姿が美しいよ

中岳→

七折ノ滝コース

急な岩場だから気をつけてね

ニセ鶏頭

七折ノ滝分岐

避難小屋

ニセ鶏頭の岩場が迫力あるよ

ブナ帯に変わるよ

903m

雑木林の中を歩くよ

畳石　七折ノ滝分岐

登山口

岳駐車場 520m

300m　国土地理院地形図

ニセ鶏頭手前から眺める鶏頭山

早池峰山山頂 5.1km
岳 3.0km
鶏

山頂から眺める毛無森

山頂から眺める早池峰山(左)と薬師岳

1月	2月	3月	4月	5月	6月	7月	8月	9月	10月	11月	12月
積 雪 期				登 山 適 期						積雪期	

主な高山植物

- ・イソツツジ
- ・コケモモ
- ・チシマフウロ
- ・ハクサンシャクナゲ
- ・ミネウスユキソウ
- ・ミヤマアズマギク
- ・ミヤマカラマツ
- ・ヨツバシオガマ　など

その他コース 七折ノ滝コース、早池峰山縦走

㊱ 毛無森

けなしもり
1,427m

標高差909m
歩行距離10.0km
山頂から360度の展望

[難易度／★★★★★　歩行時間：6時間、登り：3時間40分、下り：2時間20分]

ニセ鶏頭付近から眺める毛無森

　早池峰山域鶏頭山の北西に位置し、鶏頭山を登った人には「一度は頂上に立ってみたい」と思わせる盛岡市の最高峰である。巨岩が目に付く鶏頭山に比べて、山容はゆるやかで穏やかに感じられる。

　この山に登山道はなく、頂上に立つには、積雪期に登るか沢を詰めることとなる。一般的には残雪期に鶏頭山から往復する。

　標高差900mを越える鶏頭山に登ってから、一旦鞍部に下りての往復は骨が折れるが、早池峰山域における積雪期限定ルートとしては人気があるようだ。

駐車場

ニセ鶏頭の岩場

ニセ鶏

アクセス	マイカー／盛岡から国道396号を南に進み県道43号に入る。大迫町内川目の県道25号まで出て、岳の登山口駐車場を目指す。 問合わせ／花巻市大迫総合支所地域振興課 ☎0198-48-2111 入浴施設／ホテルベルンドルフ ぶどうの湯 ☎0198-48-4200

　岳登山口駐車場から車道を5分程歩けば登山口に着く。ここから登山道が始まる。畳石を通り過ぎるとしだいに傾斜が強くなり、ひと汗かく頃に雪に覆われた避難小屋に到着する。ここで一息つこう。避難小屋から少し進むと巨岩が見えてくる。梯子を使って巨岩を回り込むとニセ鶏頭だ。これから向かう鶏頭山と毛無森が目の前に現れ、さらに早池峰山や薬師岳も望むことができる。岩稜帯を縫うように進み、しばらく登ると鶏頭山山頂に到着。ゆっくり展望を楽しみたいところだが、先を急ごう。

　目指す毛無森には一旦150m程下り、広い雪の平原をゆっくり登っていくと、真っ平な毛無森山頂に着く。見通しの悪いときは方向を見失うおそれがあるので注意が必要だ。帰りは鶏頭山への登り返しが最大の核心なので、しっかり体力を残しておこう。

参考タイム／岳駐車場→【2:50】鶏頭山→【0:50】毛無森→【0:50】鶏頭山→【1:30】岳駐車場

鶏頭山山頂

鶏頭山から望む早池峰山

100名山ガイド
「山野あゆむ」
が案内します！

毛無森
▲1,427m

N

360度の展望で
早池峰山が美しいよ

ここも360度の展望で
県内の山々が見渡せるよ

七折ノ滝

避難小屋

ここから眺める
岩場は迫力があるよ

ここから急な登りに
なるから頑張ろうね

畳石

花巻市

登山口

稗貫川　　河原坊→

岳駐車場
518m

鶏頭山
▲1,445m

早池峰山→

ニセ鶏頭

300m　国土地理院地形図

岩手山を望む毛無森山頂

毛無森山頂から望む早池峰山と薬師岳

1月	2月	3月	4月	5月	6月	7月	8月	9月	10月	11月	12月

登山適期	鶏頭山から登山道が無いため藪漕ぎ

宮沢賢治が題材に選んだ山は、美しいブナにおおわれていた。

③37 駒頭山 こまがしらやま 939m

標高差705m、歩行距離12.7km
山頂から南北に展望あり
二等三角点

[難易度 ★★★☆☆]　　歩行時間：5時間55分、登り：3時間10分、下り：2時間45分]

豊沢湖付近から眺める駒頭山

　宮沢賢治の「なめとこ山の熊」のモチーフとして知られる。花巻市街方面からのぞむ姿は大きくなだらかだ。上部はブナの純林を形成した豊かな森で、実際に熊が多い。

　春は紅葉の季節とならび、この山のベストシーズン。下部のブナの新緑がまぶしい頃には頂上一帯のブナはまだ芽吹いており、残雪を踏んで登った頂上から眺める黄金色に輝くブナ森は、えも言われぬ美しさだ。

　登山道はカタクリが多く、踏まずに通るのに苦労する箇所も多数ある。

スキー場登山口

旧雨量計付近

カタクリが満

アクセス	マイカー／東北自動車道花巻南ICから花巻温泉郷方面に向かい、県道12号を北上し鉛温泉スキー場管理棟に駐車。 問合わせ／花巻市観光課 ☎0198-24-2111 入浴施設／鉛温泉藤三旅館 ☎0198-25-2311

　出だしは鉛温泉スキー場のゲレンデを登る。538m峰の左右どちらも登れゲレンデトップで合流するが右は急傾斜が続く(ワラビも多い)ので下山に使ったほうが良い。どちらにせよ遮るものがないゲレンデの登りは汗をかく。ゲレンデトップまではカタクリ以外の花も多い。ブナ帯の登山道に入り沢音が聞こえだすと右の尾根にあがる分岐があるが、等高線に沿った道のほうが明瞭なのでテープに気を付けよう。急斜面をこなし平坦になると雨量計跡を通過する。778mピークからはアップダウンが長く続き、ようやく防火帯のように切り開かれたところに出れば頂上へのファイナルアプローチ。空に向かって登るかのようで気持ち良い。登りきると頂上標識は切り開きと藪の境目にあるが、熊の仕業か傷つけられたり横たわっている。切り開かれた南北方面の展望は素晴らしい。

参考タイム／登山口→【1:50】出羽沢分岐→【1:20】駒頭山→【1:15】出羽沢分岐→【1:30】登山口

ブナ林の中を登って行く

山頂はブッシュに覆われている

月	2月	3月	4月	5月	6月	7月	8月	9月	10月	11月	12月
	積雪期		登山適期							積雪期	

ブナの大木

100名山ガイド
「山野あゆむ」
が案内します!

出羽沢分岐
778m

828m

865m

出羽沢
林道

駒頭山
939m

↓寒沢川コース

登山口
234m

538m

鉛温泉スキー場

尾根は山頂まで
アップダウンが続くよ

豊沢湖と岩手山が
見えるよ

ブナ林が
素晴らしいよ

300m　国土地理院地形図

シラネアオイ

その他コース　出羽沢林道〜(北北西側)、寒沢川コースは廃道になっている(南南西側)

㊳ 駒ヶ岳 横岳

こまがたけ
よこだけ
1,583m

標高差 739m
歩行距離 8.3km
山頂から展望あり
三等三角点

[難易度 ★★★☆☆　　歩行時間：4時間40分、登り：2時間55分、下り：1時間45分]

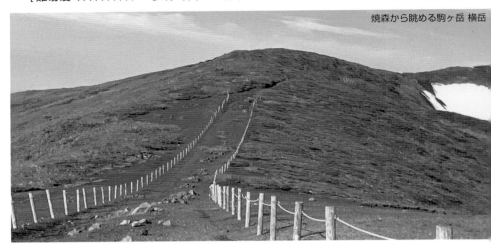

焼森から眺める駒ヶ岳 横岳

　花の名峰秋田駒ヶ岳にあって横岳1,582.5mは、唯一岩手県岩手郡雫石町に位置する山だ。十和田八幡平国立公園の南端にあり、火山地形のこの山は他に小岳、男岳、女岳、男女岳などがあり、これを総称して秋田駒ヶ岳と呼んでいる。

　最高峰は秋田県側にある男女岳1,637mだ。花が咲き誇る6、7月が最も入山者が多いが、秋の紅葉もまた見事だ。コースは岩手県側からは、国見温泉から横長根へ上がり、男岳分岐を経て山頂へ登る。山頂からは展望も良く岩手山、和賀山塊まで見える。登山口には登山者用の駐車場、トイレも完備されている。

コース案内板

横長根分岐

男岳分岐

アクセス	マイカー／東北自動車道盛岡ICから国道46号で雫石、秋田方面へ。「道の駅 雫石あねっこ」の先、県道266号を国見温泉へ。 問合わせ／雫石町役場 ☎019-692-2111 入浴施設／国見温泉 森山荘 ☎090-1930-2992

硫黄の匂いが漂う国見温泉が登山口だ。森山荘の手前に標識があり、階段状の登山道を数分で大きなコース案内板が出てくる。しばらく階段状の登山道が続くがその先傾斜がゆるみ樹林帯に入る。秋には紅葉のポイントだ。最後に階段状の登山道を15分程登ると横長根分岐に着く。県境尾根を右へなだらかな歩きがしばらく続く。展望の少ない灌木帯の尾根を抜けると、左側が開けたら第二展望台だ。足下の道が火山砂に変わり、少し傾斜が出て来ると男岳分岐になる。白い柵が印象的な大焼砂を過ぎると横岳山頂だ。

山頂からの展望は眼下の阿弥陀池から主峰男女岳をはじめ、岩手山から和賀山塊まで見ることができる。下山は往路を下る。他に男岳分岐からの駒池コースや男女岳を経由して男岳へ、更に金十郎長根へ周回すれば充実するだろう。

参考タイム／登山口→【1:15】横長根→【1:40】横岳→【1:00】横長根→【0:45】登山口

横岳山頂

男岳(左)、男女岳(右)

和賀連峰(左)、女岳(右)

1月	2月	3月	4月	5月	6月	7月	8月	9月	10月	11月	12月
積雪期				登山適期						積雪期	

コース上に咲く花

アカモノ
ウラジオヨウラク
キバナコマノツメ
ツバメオモト
ハクサンシャクナゲ
ハクサンチドリ
ミヤマキンバイ　など

コイワカガミ

地図内テキスト：男女岳 1,637m　横岳 1,583m　烏帽子岳　男岳 1,623m　ムーミン谷　小岳 1,409m　女岳 1,513m　大焼砂　男岳分岐　第二展望台　横長根分岐 1,175m　横長根　登山口 国見温泉 844m　300m 国土地理院地形図

阿弥陀池を挟んだ男岳と男女岳がステキだよ
谷一面に咲くチングルマがとても素晴らしいよ
この付近から眺望が良くなるよ
100名山ガイド「山野あゆむ」が案内します！
この辺から階段の急登になるよ
コース案内板があるよ

静かな沼と尾瀬に比肩する高層湿原を秘めた一級の展望の山。

39 笊森山 ざるもりやま **1,541m**

標高差996m、歩行距離17.6km
山頂から360度の展望
三等三角点

[難易度／★★★★☆　歩行時間：6時間50分、登り：3時間40分、下り：3時間10分]

烏帽子岳から眺める笊森山

千沼ヶ原の池塘と三角山

笊森山から眺める岩手山

　葛根田川の源頭にあたる山々の豊富な積雪が、沼と高層湿原をつくっている。笊森山頂上からは、秋田駒ヶ岳から続く稜線に目を見張るだろう。烏帽子岳（乳頭山）を経由し滝ノ上温泉に下れば、岩手百名山屈指の好ルートとなる。

コース 登山口〜平ヶ倉沼〜千沼ヶ原〜笊森山 往復

1月	2月	3月	4月	5月	6月	7月	8月	9月	10月	11月	12月
積 雪 期					登 山 適 期					積雪期	

　平ヶ倉沼へは平ヶ倉登山口と熱交換所登山口の2つあるが前者が一般的だ。たどり着いた平ヶ倉沼は静かに佇んでいる。展望はともかくその先も静かで気持ちの良い歩きが続く。稜線に出ると終始左手に三角山を見ながら千沼ヶ原湿原の末端に到着する。ここからは大規模な湿原の中の花を楽しもう。湿原を抜けなだらかな道をしばらく行くと山頂だ。山頂からの展望は、つい感嘆の声が出てしまうほど素晴らしい。下山は烏帽子岳方面に下り湿原を周回して戻ると良い。烏帽子岳につなげると景色も花もさらに変化があり充実する

参考タイム／登山口→【1:00】平ヶ倉沼→【2:00】千沼ヶ原→【0:40】笊森山→【0:50】千沼ヶ原→
【1:40】平ヶ倉沼→【0:40】登山口

アクセス	マイカー／国道46号から雫石バイパスの谷地から県道212号に右折する。雫石町玄武温泉の先から県道194号に入る。玄武洞から3.5km程進むと平ヶ倉登山口の標識がある。 問合わせ／雫石町観光商工課 ☎019-692-6407 入浴施設／滝ノ上温泉 滝観荘 ☎019-656-1866

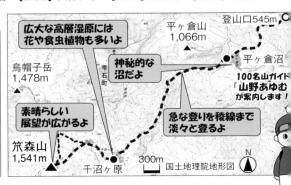

広大な高層湿原には花や食虫植物も多いよ

平ヶ倉山 1,066m

登山口545m

平ヶ倉沼

烏帽子岳 1,478m

神秘的な沼だよ

100名山ガイド「山野あゆむ」が案内します！

素晴らしい展望が広がるよ

急な登りを稜線まで淡々と登るよ

笊森山 1,541m

千沼ヶ原

300m 国土地理院地形図

㊵ 鑪　山
たたらやま
390m

標高差170m、歩行距離3.2km
山頂からの展望は少ない
三等三角点

[難易度／★★☆☆☆　　歩行時間：1時間10分、登り：35分、下り：35分]

国道106号笹森付近から眺める鑪山

殿ヶ武士の森登山口

展望がない山頂

　盛岡市中心街からも近く、簡単に登れる山として人気が高い。鑪山にはいくつかの登路があり、周辺の蝶ヶ森山、天狗森と合わせて登っている人も多いようだ。
　本書は鑪山の最短ルートを周遊するコースを案内する。一般的には国道106号から少し南に入った鑪山公民館から登られることが多いようだ。

周回コース　殿ヶ武士の森登山口～殿ヶ武士山～鑪山～鉄塔282m～登山口

　殿ヶ武士の森の標識から林道に入って行く。しばらく登ると道は二手に分かれ、左の林道に入るとすぐ左手の尾根に向かっての急登の道に変わる。地図では尾根に向かって梯子があるようだが確認できなかった。
　尾根に出て左に登ると間もなく山頂に到着する。祠と標識がある。帰路は尾根をそのまま北西に進むと282mピークに出る。左の道を下ればすぐ車道にでる。車道を左に行くと10分もかからずに、殿ヶ武士の森と書かれた標識がある登山口に戻る。

参考タイム／殿ヶ武士の森登山口→【0:35】鑪山→【0:15】282mピーク→【0:10】車道→【0:10】登山口

100名山ガイド
「山野あゆむ」
が案内します！

部分的に
展望が広がるよ

鉄塔
282m

標柱

急な下りだよ

鑪山
390m

登山口
220m

南昌山方面が
見えるよ

殿ヶ
武士山

ここまで雑木林の
林道が続くよ

300m　国土地理院地形図

1月	2月	3月	4月	5月	6月	7月	8月	9月	10月	11月	12月
積雪期			登 山 適 期								積雪期

アクセス　マイカー／国道396号と並行して走る鑪山西面の道に入る。鑪山山頂西にある殿ヶ武士の森と書かれた標識がある所が登山道入口。
問合わせ／盛岡市役所☎019-651-4111

童話の入口はナメにはじまりナメに終わる。『鉄砲もたねで来てけろ』

◆41 ナメトコ山

なめとこやま
860m

標高差 486m
歩行距離 7.9km
山頂からの展望なし

［難易度 ★★★★☆　　歩行時間：4時間45分、登り：3時間、下り：1時間45分］

幕舘橋から眺めるナメトコ山

ナメトコ山

幕舘橋にある看板とナメトコ山

　東北地方でナメトコ山と言えば、宮沢賢治の『ナメトコ山の熊』を思い起こす。そのナメトコ山のナメトコ沢は、岩手県花巻、毒ヶ森山塊にある。

　西ノ股沢入口の駐車スペースから先は未舗装の林道で、歩いても20分程でナメトコ沢の出合に着く。沢はナメ、小滝の緩めの遡行となる。二俣の滝（仮名）では右岸の草付きを登る。沢の上部は登山道と平行しているので、左岸を登ると林の中に登山道がある。赤符に導かれ登山道を進むと大きなブナ林の山頂に出る。

　下山は西ノ股沢から往路を下る。

西ノ股沢出合の駐車スペース

ナメトコ沢出合の標識

北ノ又林道の起点

アクセス	マイカー／東北道花巻南ICから県道12号を鉛温泉方面へ進む。豊沢湖の先、県道234号を雫石方面へ右折して、豊沢川と西ノ股沢の出合に着く。西ノ股沢の出合手前の広い駐車スペースに車を停める。その先は未舗装の林道で歩いても20分程でナメトコ沢の出合に着く。出合は路肩に1〜2台しか停められない。

問合わせ／花巻市役所 ☎0198-24-2111
入浴施設／花巻温泉郷 鉛温泉 藤三旅館 ☎0198-25-2311

　沢はナメトコ橋から入渓する。穏やかな渓相は、小滝とナメとが順序よく演出され癒される。標高560m二俣の滝（7〜8m）は、右岸の草付きから容易に巻ける。上部もしばらくはナメが続く。次第に水路は細くなり両岸は低く空が広がる。上部は登山道と並行しているので、適当な所から沢を離れて左岸の斜面を登ると登山道に出る。踏み跡はところどころ不明瞭で赤符を目標に薮の中を進む。傾斜が緩み大きなブナが出てくると山頂だ。

　下山もしばらく薮の中を赤符に導かれて下る。右下へ大きくトラバースをして西ノ股沢に降りる。大きな滝もなく容易に下れる。途中から左岸に廃道が出てくるのでそれを使いナメトコ沢出合に戻る。

参考タイム／西ノ股沢出合→【0:20】ナメトコ沢出合→【2:40】ナメトコ山→【1:10】西ノ股林道→【0:35】沢出合

下部のナメ

なめとこ山
860m
鉄砲持たねで来てけろ
2019.6.10　くのへ

展望がない山頂

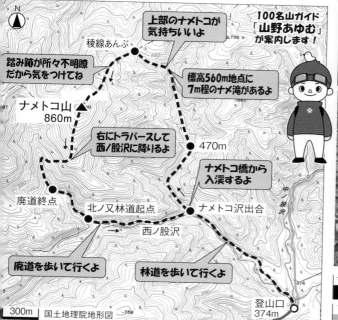

上部のナメトコが気持ちいいよ

稜線あんぶ

100名山ガイド「山野あゆむ」が案内します！

踏み跡が所々不明瞭だから気をつけてね

標高560m地点に7m程のナメ滝があるよ

ナメトコ山
860m

右にトラバースして西ノ股沢に降りるよ

470m

ナメトコ橋から入渓するよ

廃道終点

北ノ又林道起点　ナメトコ沢出合

西ノ股沢

廃道を歩いて行くよ　**林道を歩いて行くよ**

300m　国土地理院地形図

登山口
374m

小滝やナメが続く

上部のナメ

1月	2月	3月	4月	5月	6月
積雪期					適期
7月	8月	9月	10月	11月	12月
登山適期				積雪期	

宮沢賢治ゆかりの地、宮沢賢治がこよなく愛した南昌山。

◆42 南昌山 なんしょうざん 848m

標高差 234m、歩行距離 1.5km
山頂から東側に展望あり
三等三角点

[難易度／★★☆☆☆　歩行時間：1時間、登り：40分、下り：20分]

県道281号南昌第2トンネル出口から眺める南昌山

　盛岡市の南西部にあり、岩手郡雫石町と紫波郡矢巾町との境にある南昌山山塊の主峰にあたる山である。

　町から見ると尖った山容は、里山にしては独特な形をなしている。童話作家の宮沢賢治がこよなく愛し、盛岡中学校から盛岡高等農林学校の時に何度も訪れた山といわれる。

　銀河鉄道の夜の舞台にもなっている。短歌を添えた自筆の南昌山の絵も遺っており、宮沢賢治の思い入れの深さが解るだろう。林道手前には矢巾温泉郷、国民保養センター南昌の湯があり下山後に入るのも良いだろう。食事も取れる。

五合目登山口

八合目

山頂展望台

アクセス

マイカー／東北自動車道紫波ICを降りて県道162号を右折、1km先県道13号を盛岡方面へ右折、5km程で館前公民館を左折、突き当りを右折。1km程で南昌山の看板を左折し、突き当りを左折、矢巾温泉郷を過ぎて砂利道を3km程行くと登山口になる。駐車帯8台程、トイレ無し。

問合わせ／矢巾町役場 ☎019-697-2111

入浴施設／矢巾温泉 南昌の湯 ☎019-697-2310

登山道はきちんと整備されていて丸太風のコンクリートで造った階段が千段以上設置されている。普通の登山道に比べて体力を消耗するかも知れない。道は明瞭で迷うことは無いだろう。要所要所に何合目かの看板も掛かっており枝道にもきちんと道標がある。

途中に上級者向け前倉コース入口の枝道があるが、赤字で「引き返せなくなる可能性があります」と危険表示の看板が出ているので、行かないほうが良さそうだ。

山頂には展望台が設置されており、矢巾町が一望でき、遠くには早池峰山などが見える。ただし古くなったのだろうか、現在は立入禁止になっている。

参考タイム／五合目登山口→【0:40】南昌山→【0:20】五合目登山口

山頂に祀る権現様

山頂にある
宮沢賢治の看板

展望台から眺める街並み

1月	2月	3月	4月	5月	6月	7月	8月	9月	10月	11月	12月
積雪期			登山適期							積雪期	

100名山ガイド「山野あゆむ」が案内します！

展望台から盛岡市街や早池峰山が見えるよ

長い階段は疲れるからゆっくり行こうね

対向車が来るから気をつけて運転してね

箱ヶ森
N
771m
南昌山
848m
前倉山
638m
ぬさかけの滝
五合目
登山口
614m
-雫石
前倉コース
南昌山神社
矢巾温泉
-東根山
300m　国土地理院地形図

主な高山植物

シラネアオイ

・コキンバイ
・シロバナエンレイソウ
・タニギキョウ
・ヒトリシズカ
・フデリンドウ
・ラショウモンカズラ　など

その他コース 前倉コース（南東側）、赤林山～（北側）、繋温泉～（北北西側）、東根山～（南側）

つなぎ温泉の奥にひっそりたたずみ、眼下に盛岡市街を望む山。

⓸ 箱ヶ森 はこがもり **865m**

標高差499m、歩行距離5.1km
山頂から南東側に展望あり
二等三角点

[難易度／★★☆☆☆　歩行時間：2時間30分、登り：1時間30分、下り：1時間]

御所湖から眺める箱ヶ森

登山口

山頂広場

　盛岡市の西方にあり、雫石町と盛岡市との境にある山で志和三山の一峰である。林道手前には雫石川の流れ込む御所湖があり、そこから見た山容が箱に伏せたように見えるようだ。林道入口にはつなぎ温泉があり、平安時代末期に源義家が愛馬を穴の開いた石につないで入浴したことから、つなぎ温泉と云われている。15軒程の宿がある。

コース 駐車場〜箱ヶ森　往復

1月	2月	3月	4月	5月	6月	7月	8月	9月	10月	11月	12月
積雪期			登山適期							積雪期	

　登山口の駐車場は3台程しか置けない。登山口の渋い看板を見ながら廃道らしき林道を進む。ところどころ枝分かれの道はあるが、道標やマーキングがあるので迷うことはないだろう。

　ブナ林の中をひたすら歩くと小ピークを越えて一気に急登となる。つづら折れの登山道をどんどん登って行き、急登が終わると広々とした頂上だ。下山は往路を戻る。

参考タイム／登山口→【0:50】644mピーク→【0:40】
　箱ヶ森→【0:20】644mピーク→【0:40】登山口

アクセス
マイカー／国道46号を秋田県方面へ行き左手の御所湖の繋大橋を渡り右折。つなぎ温泉入口を左折、林道手前を右折して1つ目を左折2km程で登山口になる。3台程駐車可能、トイレ無し。
問合わせ／盛岡市観光交流課 ☎019-626-7539
入浴施設／つなぎ温泉愛真館 ☎019-689-2111

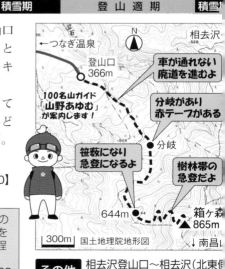

←つなぎ温泉　相去沢
登山口 366m
車が通れない廃道を進むよ
100名山ガイド「山野あゆむ」が案内します！
分岐があり赤テープがある
分岐
笹薮になり急登になるよ
樹林帯の急登だよ
644m
箱ヶ森 ▲865m
300m　国土地理院地形図
↓南昌

その他コース
相去沢登山口〜相去沢（北東側）
相去沢登山口〜マクラ山（北側）
上飯岡〜（東側）、東根山（北側）

家族連れで楽しめる東北自然歩道「新・奥の細道」。

44 八方山 はっぽうざん 716m

| 標高差451m、歩行距離8.5km |
| 山頂から展望なし、二等三角点 |

[難易度／★★★☆☆　歩行時間：2時間40分、登り：1時間30分、下り：1時間10分]

登山口付近から眺める八方山

長根崎登山口

展望のない山頂

花巻市の西に位置し、昭和の詩人高村光太郎ゆかりの地で東北自然歩道「新・奥の細道」もなっている。登山道は明瞭で、家族連れで楽しめるハイキングコースである。マツ、コナラ、カエデ等の雑木林を通り、山頂付近はブナ林へと変わる。山頂には日本清水寺の観音堂跡の祠が祀られており、展望はないが、気持ちの良い森林浴を楽しむことが出来る。

コース　長根崎登山口〜八方山　往復

1月	2月	3月	4月	5月	6月	7月	8月	9月	10月	11月	12月
積雪期			登山適期								積雪期

登山口からは林道を登っていき、やがて山道に変わるが道は広く歩きやすい。しばらく淡々とした登りなので、森林浴を楽しみながら歩いて行こう。尻平川コースとの分岐をぎるとブナ林に変わり、本格的な登りとなる。急登が終わり開けた広場に出る。山頂は200m先にあるが眺望は望めないので、休憩にはこちらの広場の方が良いだろう。下山は往路を下る。

マイカー／東北自動車道花巻南ICを左折して県道12号から県道37号との交差点を左折、4.5km程で「八方山入口」の看板を右折する。舗装道から砂利道に変わり500m程走ると、5台程の駐車スペースのある登山口に着く。駐車は5台可能。トイレなし。

問合わせ／花巻市役所 ☎0198-24-2111

参考タイム／登山口→【1:10】尻平川分岐→【0:20】八方山→【1:10】登山口

八方山 716m

ここから急登が続くから一息入れて頑張ってね

尻平川分岐

東北自然歩道

モンスターみたいな大木があるよ

100名山ガイド「山野あゆむ」が案内します！

山頂は狭く展望も無いので手前の広場でのんびりしてね

373.4m 四等三角点

東北自然歩道長根崎コース

長根崎山

登山口 265m

300m　国土地理院地形図

全方位展望の山頂で、西にそびえる岩手山の眺めが素晴らしい。

⑮ 姫神山 ひめかみさん 1,124m

標高差 579m、歩行距離 6.9km
山頂から360度の展望、一等三角点
日本二百名山、東北百名山、新・花の百名山
日本の山1000、山岳標高1003山

[難易度／★★★☆☆　歩行時間：3時間10分、登り：1時間45分、下り：1時間25分]

一本杉登山口の手前から眺める姫神山

　岩手山の東方、盛岡市の北部に位置する山である。端正な錐形のシルエットが印象的な独立峰だ。頂上付近には花崗岩の堆積があり花も豊富だ。山頂からの全方位展望は素晴らしい。

　岩手山との夫婦伝説でも知られ、早池峰山と併せて北奥羽三霊山とされる山岳信仰の山だ。4つの登山コースが拓かれており、登山シーズンは四季を通して可能だが4月中旬からの花と10月の紅葉の時期がお勧めだ。

一本杉登山口

五合目

八合目

アクセス	マイカー／東北自動車道滝沢ICを降りて国道4号を北上し、渋民駅の岐路を過ぎて左折。駒形神社傍の信号を右折し、所々にある「姫神山」の案内に導かれて一本杉キャンプ場を目指す。登山口は第二駐車場にある。滝沢ICから舗装道路を15km、25分。

問合わせ／盛岡市役所玉山総合事務所 ☎019-683-2116
入浴施設／ユートランド姫神 ☎019-683-3215 「道の駅にしね」近く

トイレのある登山口から牧場のような斜面を歩き、「姫神山入口」の標識がある林道を横
る。杉林の道を進むとまもなく一本杉清水を右に過ごす。水場には「飲用はご遠慮下さい」
の表示あり。この辺りから笹原と樹林のミックスとなり頂上直下まで続く。
30分程で五合目に着き、このあとは滑り易い登山道がしばらく続く。合目標識は六〜八
目までである。八合目からは露岩が多くなり、傾斜も増してくる。傾斜が緩み、分かり難
土場コース分岐を過ぎれば、西に圧巻の岩手山が立ち上がる。
岩の重なる足場の悪い道を進み、城内コースと合流すればすぐに頂上だ。
帰路はこわ坂コースを下山し、一本杉キャンプ場からの舗装路を下り駐車場に戻る。

考タイム／一本杉登山口→【0:30】五合目→【1:15】姫神山→【1:25】登山口

展望が良い山頂

山頂から望む岩手山

登山口に続く
舗装道だよ

緩やかな樹林帯の
下りが続くよ

100名山ガイド
「山野あゆむ」
が案内します！

国道4号

この辺から
岩手山が見えるよ

一本杉
登山口
845m

第二駐車場

一本杉コース

五合目
730m

一本杉
清水

こわ坂コース

急な登りが
始まるよ

階段の登りが
始まるよ

八合目

急な下りだよ

田代コース→

右が岩場ルートで
左が急坂ルートに別れるよ

姫神山
1,124m

300m　国土地理院地形図　城内コース↓

こわ坂登山口

1月	2月	3月	4月	5月	6月
積雪期				登山適期	

7月	8月	9月	10月	11月	12月
登山適期				積雪期	

ミヤマスミレ

主な高山植物

・スズラン
・ヒトリシズカ
・シロバナエンレイソウ
・ムラサキヤシオツツジ
・カタクリの群落　など

その他のコース

■城内コース（南西側）
■田代コース（東側）

沢に導かれ樹木に囲まれる、熊の気持ちがよくわかる野趣満点の山。

㊻ 曲崎山 まがりさきやま 1,334m

標高差 897m
歩行距離 20.7km
山頂からの展望なし

[難易度／★★★★★　歩行時間：8時間30分、登り：5時間、下り：3時間30分]

大白森から眺める曲崎山

岩手・秋田の県境に位置し、岩手側からの単独登山道がない山である。一般的には大深温泉や松川温泉からの縦走路を使い登っているが、今回岩手百名山調査に関し、各山それぞれの登山道で紹介するという基本路線があるため、秋田県側の上小和瀬林道を使い調査する事とした。今回の調査で一番の気がかりは、宝仙湖から約11kmある林道の状況である。車でどこまで入れるかで、登山の労力は大きく変わる。昭文社地図では、玉川ダム方面へのエスケープルートとして紹介されているようであるが、昨今の大雨で林道は崩壊状態。以前、山菜取りの方の熊事故もあり神経を使う登山となる。林道歩き往復10kmに熊対策を考えると、乳頭温泉から大白森経由をおすすめする。

登山口

大沢徒渉付近

山頂の標識

アクセス	マイカー／東北自動車道盛岡ICから、国道46号を通り田沢湖方面へ。国道341号とのT字路を右折し341号を田沢湖方面へ。田沢湖から北上し、鎧畑トンネルを抜け秋扇湖・玉川ダム・宝仙湖の順に過ぎると宝仙湖の真ん中あたりに男神橋がある。そこを渡り大沢分線を行くと、小和瀬発電所手前の橋右が上小和瀬林道となる。林道が通行止めでなければここから約4km先が登山道の始まりとなる。

問合わせ／八幡平ビジターセンター ☎0186-31-2714
入浴施設／南玉川温泉 湯宿 はなやの森 ☎0187-49-2700

コース 登山口～大沢徒渉点～八幡平縦走路合流点～大沢森～曲崎山 往復

上小和瀬林道11km先に右に入る林道があり、ここが登山口となる。林道は大木や土石流
あり歩きづらいが、約5kmで廃道に到着。この先は大沢を右下に見ながら歩を進めるが、
土砂崩れなどあり歩きづらい。廃道終点から沢に下る踏み跡に導かれ大沢到着、上流に向
て歩くと尾根に取りつく赤テープがあり痩せ尾根を登る。
曲崎山へと続く縦走路分岐まで標高差360m、急斜面だが標高950m付近からは緩斜面とな
。やがて分岐と合流、左に進み大沢森到着。ここから平坦な薮道をしばらく歩くと山頂
続く登りとなり、標高差250mの薮を漕ぎ山頂到着。往路を熊に注意しながら下山する。

考タイム／登山口→【2:40】縦走路合流点→【1:00】大沢森→【1:20】曲崎山→【1:00】大沢森→【2:30】登山口

稜線から大白森方面

尾根途中の上海タワー

大白森から望む曲崎山方面と岩手山

その他コース		1月	2月	3月	4月	5月	6月	7月	8月	9月	10月	11月	12月
・関東森～（東側）・大白森～（南側）		積雪期					登山適期					積雪期	

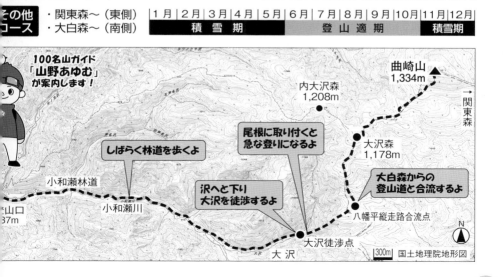

100名山ガイド「山野あゆむ」が案内します！

曲崎山 1,334m
内大沢森 1,208m
大沢森 1,178m
関東森
しばらく林道を歩くよ
尾根に取り付くと急な登りになるよ
大白森からの登山道と合流するよ
沢へと下り大沢を徒渉するよ
小和瀬林道
小和瀬川
八幡平縦走路合流点
大沢徒渉点
大沢
山口 37m
300m 国土地理院地形図
N

97

春が近くなると和賀山塊の季節到来！隠れた名峰モッコの季節。

❹⑦ モッコ岳 もっこだけ 1,277m

標高差	830m
歩行距離	13.4km
山頂から360度の展望	

［難易度／★★★☆☆　　歩行時間：4時間45分、登り：3時間15分、下り：1時間30分］

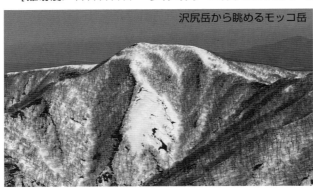
沢尻岳から眺めるモッコ岳

林道入口

山頂から望む和賀連峰

　夏道がなく登山適期は積雪状況にもよるが、3月中旬からの1ヵ月が望ましい。山頂に天気が良ければ360°の大パノラマで岩手の山々が楽しめ、季節ならではのビューポイントとなる。気になる山名の由来だが、八幡平に同名の「畚（もっこ）岳」（かごの意味）があることから、このモッコは東北方言の「お化け」と想像するものの、そのイメージとは違い、素晴らしい山容である。

コース　林道入口〜モッコ岳 往復

1月	2月	3月	4月	5月	6月	7月	8月	9月	10月	11月	12月
冬山		適期		登山道が無いため藪漕ぎ							冬

　積雪のため林道手前に駐車し歩を進める。登山口看板まで約15分で到着、小さな川2つを渡り杉林を進むと登山スタート、約30分で郡界分岐に到着。

　ここからブナ林の急登を進み前山分岐、沢尻岳手前からモッコ岳方面へとトラバースし、尾根を下り鞍部から急登、登りきると山頂となる。帰路は同ルートを下降する。

参考タイム／林道入口→【1:20】郡界分岐→【0:40】前山分岐【0:20】沢尻岳→【0:55】モッコ岳→【1:30】林道入口

アクセス	マイカー／東北自動車道から秋田自動車道に入り、湯田IC下車。国道107号から県道1号を北上し、約34kmで貝沢集落となる。「酒」看板のある北村商店を目印に左折、道なりに進むと杉林手前が駐車場所となるが、あまり多くの台数は停められないので朝早くの到着が望ましい。
	問合わせ／西和賀町観光商工課 ☎0197-82-3290
	入浴施設／ほっとゆだ ☎0197-82-2911

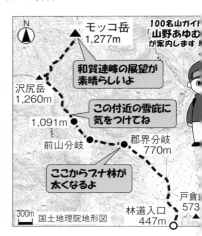

モッコ岳 1,277m
和賀連峰の展望が素晴らしいよ
沢尻岳 1,260m
1,091m
この付近の雪庇に気をつけてね
前山分岐
郡界分岐 770m
ここからブナ林が太くなるよ
戸倉 573
林道入口 447m
300m 国土地理院地形図

100名山ガイド「山野あゆむ」が案内します

県南エリア 31山

一関市、奥州市、北上市、遠野市
金ヶ崎町、住田町、西和賀町、平泉町

大荒沢岳
51
賀岳
71
岳
57
和)
73 高下岳
鞍
53
57 真昼岳
女神山
72 薬師岳(早)
遠野市
12
1
396
石上山
西和賀町
56
49
湯田I.C
黒森
北上市
340
35 76 六角牛山
37
13
砥森山
65
107
28
遠野I.C
283
仙人山 62
66 羽山
北上JCT
宮守I.C
27
牛形山
鷲ヶ森山 78
駒ヶ岳
物見山
滝観洞I.C 48
南本内岳 68 50 58
456
71
住田町
愛染山
三界山 60 54
金ヶ崎町
8
340
74 64 経塚山
水沢I.C
397
340 107
焼石岳
天竺山
456
59
10
猿岩の頭
37
奥州市
平泉前沢I.C
14
県北
エリア
55 栗駒山
49
343
県央
沿岸
エリア
342
平泉町
63
エリア
31
束稲山
19
69 室根山
県南
一関I.C
284
エリア
61
75 矢越山
457
自鏡山
一関市
48
52 大森山
21
342

48 愛染山 P100
49 石上山 P102
50 牛形山 P104
51 大荒沢岳 P106   56 黒 森 P114   61 自鏡山 P124   66 羽 山 P129   71 物見山 P138
52 大森山 P108   57 高下岳 P116   62 仙人山 P125   67 真昼岳 P130   72 薬師岳(早) P140
53 風 鞍 P109   58 駒ヶ岳 P118   63 束稲山 P126   68 南本内岳 P132   73 薬師岳(和) P142
54 経塚山 P110   59 猿岩の頭 P120   64 天竺山 P127   69 室根山 P134   74 焼石岳 P144
55 栗駒山 P112   60 三界山 P122   65 砥森山 P128   70 女神山 P136   75 矢越山 P146
                                                                              76 六角牛山 P147
                                                                              77 和賀岳 P148
                                                                              78 鷲ヶ森山 P150

訪れる人の少ない山で、シャクナゲの頂上はほぼ全方位の展望。

⑱ 愛染山 あいぜんさん 1,228m

標高差 582m、歩行距離 4.5km
山頂からほぼ360度の展望

[難易度 ★★★☆☆　　歩行時間：3時間30分、登り：2時間、下り：1時間30分]

県道167号から眺める愛染山

　釜石市と住田町にまたがる山で、五葉山の北西に位置している。ホンシュウジカの生息地でもある。釜石側から見ると錐形に見える山だ。住田町側の山腹は樹木伐採用の作業道が目立ち、登山道はまだ整備されているとは言い難い（踏み跡程度の道が何カ所かあり、見失いに要注意）が、そこがいいところでもある。近年少しずつ整備されつつあるらしく、標識などの設置予定があるようだ。(2022年5月現在)

　登山シーズンは4月下旬〜11初旬だ。（11月下旬には箱根峠への道が通行止めになる）

箱根峠登山口

ここから急登が始まる

山頂の標

アクセス	マイカー／釜石自動車道 滝観洞ICを出てすぐに釜石方面に左折、700m先を右折して県道167号を箱根峠に向かう(11月下旬から冬季通行止め)。登山口は峠から釜石側に30m進んだ所にある。その先右下に駐車スペースがあるが、かなり停めにくい（釜石側からも県道167号で箱根峠に行けるが、落石が多く通行止めになることがあり、お勧めできない。12km、40分）。滝観洞ICから箱根峠まで、舗装道路を約5km、15分。問合わせ／釜石市役所 ☎0193-22-2111、住田町役場 ☎0192-46-2111

　歩き始めるとまもなく道は踏み跡状になり、分かりにくいところが多い。左手の樹林と右手の開けた伐採地の境を進む。20分程で作業道が右手に出てくるが、尾根上を直進する。緩やかな登山道を歩き作業道終点と合流し樹林帯に入る。15分程で左に鋭角に方向を変える（踏み跡が直進方向にもあるので間違え易い）。ここから急登が始まり、30分程で一旦尾根に出るが登りはまだ続く。

　足下の見にくい笹薮状になり、釜石側が見通せる小尾根に出れば10分程で傾斜が緩くなり、登りきると頂上に続く尾根に出る。祠があり、見通しのよいシャクナゲの尾根を進めばすぐに頂上に着く。山頂はほぼ全方位の展望だ。

参考タイム／箱根峠→【0:35】作業道終点→【1:25】愛染山→【1:30】箱根峠

山頂から望む早池峰山

山頂から望む五葉山

100名山ガイド
「山野あゆむ」
が案内します！

道が不明瞭になるので
気をつけて進んでね

コースは開かれて間もないので
目印のテープに注意してね

急な登りの連続になる
から頑張ろうね

尾根に出ると
展望が開けるよ

山頂からは早池峰山や
五葉山が見えるよ
付近にシャクナゲが咲くよ

300m　国土地理院地形図

1月	2月	3月	4月	5月	6月
積雪期				登山適期	

7月	8月	9月	10月	11月	12月
登山適期				積雪期	

ミヤマスミレ

主な高山植物

・ハクサンシャクナゲ
・ヤマツツジ
・ギンリョウソウ
・ミヤマスミレ　など

その他のコース

■五葉山へ縦走（南東側）
■釜石市荒川〜（北東側）不明瞭
■住田町中埣〜（西南側）不明瞭

女神の長女が納める修験の山。山容にだまされず慎重を期そう。

㊾ 石上山　いしがみやま　**1,037m**

標高差585m、歩行距離5.5km
北峰から東方に展望あり、南峰は無
一等三角点、日本の山1000

[難易度 ★★★☆☆　　歩行時間：3時間50分、登り：2時間10分、下り：1時間40分]

蓬畑から眺める石上山

　北上山地の山で、早池峰山、六角牛山とともに遠野三山に数えられる。

　遠野物語では、母の女神が三人の娘にそれぞれ、早池峰山、六角牛山、石上山（石神山と記載されている）を分け与え、娘たちはそれぞれ三つの山に住み、今でもこれを納めている、と記述されている。ちなみに石上山は長女の山という。かつては、修験者の山で、女人禁制の山であったという。

　登山コースとしては、石上神社の北の登山口から中之堂経由のコースがポピュラーだ。

登山口

水飲み場

中之

アクセス　マイカー／遠野ICから国道283号を花巻方面に進み、綾織交差点で国道396号へ右折。ま
もなく綾織十字路で、ここから石上山の案内に従って進む。登山口は5台ほど駐車可能
問合わせ／遠野市役所 ☎0198-62-2111
入浴施設／踊鹿温泉天の湯 ☎0198-62-1122

大きな案内図のある登山口から作業道を進むと姥石だ。昔、女人禁制を破って登った巫
が吹き飛ばされて岩になった、という伝説が残る。暫く進むと、水場がある。その先に
止めがあり、ここは左が直登コース、右が不動岩コース。いずれを進んでも合流する。
やがて刃納めの岩から鎖場を過ぎると中之堂だ。この辺りから本格的な登りになり、ハ
ゴと鎖場が連続するので気を引きしめて取り掛かろう。やがて祠と石碑のある北峰だ。
頂へは南に稜線沿いに進む。亀岩を過ぎると、いよいよ一等三角点のある石上山山頂だ。
望に関しては、北峰の方が良い。下山は往路を戻るが、慎重に下ろう。
なお、このコースは急登が続き、鎖や梯子が連続する。山歩きに慣れていない人には辛
ので、その場合終始なだらかな道がつづき、安心して登山ができる大垂水からのコース
採用しても良い。ただし登山道の整備状況を確認すること。

考タイム：登山口→【1:30】中之堂→【0:20】北峰→【0:20】石上山→【1:40】登山口

山頂の南峰

北峰から遠野方面を望む

月	2月	3月	4月	5月	6月	7月	8月	9月	10月	11月	12月
	積雪期			登 山 適 期						積雪期	

連続する鉄梯子を登る

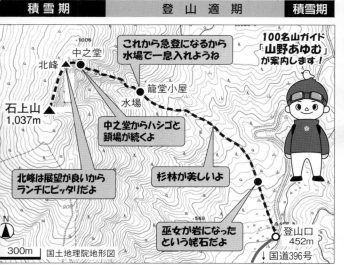

これから急登になるから
水場で一息入れようね

100名山ガイド
「山野あゆむ」
が案内します！

中之堂
北峰
籠堂小屋
水場
石上山
1,037m

中之堂からハシゴと
鎖場が続くよ

北峰は展望が良いから
ランチにピッタリだよ

杉林が美しいよ

巫女が岩になった
という姥石だよ

登山口
452m

↓国道396号

300m　国土地理院地形図

N

主な高山植物

・カタクリ
・シロバナエンレイソウ
・ネコノメソウ
・ヒメイチゲ
・ヤマエンゴサク　など

その他のコース

■大垂水〜（南側）

束の間の夏を、秘湯の露天風呂と登山、1度に2つ楽しもう。

⑤ 牛形山 うしがたやま 1,339m

標高差774m、歩行距離8.8km
山頂から360度の展望、二等三角点
東北百名山、日本の山1000

[難易度 ★★★★☆　歩行時間：5時間、登り：3時間、下り：2時間]

白っこ森から眺める牛形山（左）

焼石連峰の一座。経塚山、駒ヶ岳とともに夏油三山の一つとして知られる山。焼石岳ま
で稜線続きだが、登山道は開かれていない。牛が伏せたときの背の形に似ているというこ
とから、または残雪が牛の形に似ているということから、この山名が付いたと言われてい
る。ブナ林に山腹全体が覆われ、湿地や沼の周辺には高山植物が咲き乱れるという。

麓の夏油温泉は山深く秘境として有名である。湯治風の露天風呂を楽しみながら登山も
楽しめ、束の間の夏、贅沢な山旅を実現できる。

夏油温泉

山頂下をトラバース

ガレ場はロープを頼りに

アクセス	マイカー／東北自動車道北上江釣子ICから国道107号を西へ進む。すぐに夏油温泉の標識が出てくるので、それに導かれて進む。夏油温泉の駐車場には20台程駐車可能。トイレあり。 問合わせ／北上市役所 ☎0197-64-2111 入浴施設／夏油温泉元湯夏油 ☎090-5834-5151

夏油三山の案内板のある夏油温泉駐車場が登山口だ。少し登ると古い林道に出会うが、
ここは左折して標識に従って登る。再び林道に出会うが、牛形山はそのまままっすぐにブ
ナ林の中を進む。稜線に出ると牛形山三辺りから左手に経塚山が見えてくる。牛形山五の
手前に湿地があるが、ここはミズバショウが咲くという。牛形山五の標識からは登山道が
急になるが頑張ろう。鷲ヶ森山や白っこ森が見えてくるようになると、牛形山の山頂を回
り込むようになる。水場で一息入れてロープに助けられながらガレ場を過ぎると程なく鷲
ヶ森山への縦走コースの分岐だ。左に道をとり湿原を進むと、すべりやすい急斜面をロー
プを頼りに慎重に登る。やがて山頂から続く展望の良い稜線に飛び出し、露岩の中を進む
と山頂だ。はるか下に登山口の夏油温泉が見える。目を転じると、駒ヶ岳、経塚山、そし
て焼石岳の峰々が展望できる。下山は往路を下る。

参考タイム／夏油温泉→【0:20】経塚山分岐→【2:10】鷲ヶ森山分岐→【0:30】牛形山→【2:00】夏油温泉

後方は焼石岳

山頂から臨む経塚山(左)と天竺山

月	2月	3月	4月	5月	6月	7月	8月	9月	10月	11月	12月
	積雪期				登山適期					積雪期	

100名山ガイド
「山野あゆむ」
が案内します！

経塚山との分岐で
真っ直ぐ進むよ

ウシロ沢

夏油温泉

経塚山分岐

登山口
565m

夏油温泉の石灰華

山頂の下をトラバース
ロープがあるよ

ブナ林がキレイだよ

鷲ヶ森山分岐

ガレ場

草付きのガレ場

ミズバショウが咲くよ

牛形山
,339m

水場で喉を癒そうよ

300m　国土地理院地形図

主な高山植物

ハクサンフウロ

・キヌガサソウ
・サラサドウダン
・シラネアオイ
・タニウツギ
・ミヤマキンバイ
・リュウキンカ　など

その他のコース

■鷲ヶ森山へ縦走(北側)

真昼山地の北にたたずみ、矮化したブナ林が美しい。

⑤⑪ 大荒沢岳 おおあらさわだけ 1,313m

標高差827m、歩行距離10.5km
山頂から180度の展望あり
三等三角点

[難易度 ★★★☆☆　　歩行時間：4時間40分、登り：2時間40分、下り：2時間]

沢尻岳の先から眺める大荒沢岳

　和賀山塊北側に位置し、北にモッコ岳・東に沢尻岳・西に朝日岳・南に根菅岳・高下岳そして主峰和賀岳と連なる山である。冬の厳しい風雪の中で育ったブナ、クロベなどの巨樹・巨木、そして矮化したブナなど魅力的な原生林が広がりを見せる。

　春から夏にかけては、コバギボウシ、イワウチワ、イワイチョウなど可憐な花々が咲き乱れ、秋には奥深い原生自然の紅葉がみごとだ。マタギの里西和賀町貝沢地区貝沢口からのピストンが一般的。なお時間が許せば、地元の御尽力で整備された貝沢口〜大荒沢岳〜根菅岳〜高下岳〜高畑口の周遊コースをお勧めしたい。より充実感が味わえる。

駐車場

郡界分岐 この付近からブナが太くなる

沢尻岳から 大荒沢岳(左)、朝日岳(右

アクセス	マイカー／県道1号を南下、山伏トンネルを抜け西和賀町へ。貝沢バス停から右折し十字路を直進、Y字路を右へ、人家が無くなった所で砂利道に。登山者名簿箱があるY字路を右に、沢を渡り2度目の沢手前で通行止め。ここには約5台分の駐車スペースあり。問合わせ／西和賀町役場観光商工課 ☎0197-82-3290

林道の状態により駐車場まで車が入れない場合があるので注意が必要。駐車場前の沢を渉し、林道を10分位で貝沢登山口に着く。道標から広く緩やかな道を進み、急な尾根筋を登ると郡界分岐に着く。

急登は続き、やがて前山分岐を過ぎる。ブナが矮化した林の中を眺めながら登って行く展望が開けてきた頃に沢尻岳（1,260m）に着く。

沢尻岳山頂からの展望は良く、岩手の山はもとより秋田駒ヶ岳、そして遠くには鳥海山が見える。2度の下り登りで分岐へ、そこから1分位で大荒沢岳山頂に着く。灌木に覆われてはいるが下刈り次第で展望はある。帰りは往路を下る。

考タイム／駐車場→【0:10】貝沢登山口→【2:00】沢尻岳→【0:30】大荒沢岳→【2:00】駐車場

山頂の後方に岩手山

山頂手前から眺める和賀岳

1月	2月	3月	4月	5月	6月	7月	8月	9月	10月	11月	12月
積 雪 期				登 山 適 期						積雪期	

その他コース　高畑コース～高下岳～縦走（南側）

▲モッコ岳
1,277m

N

和賀連峰の山々が一望で県内の高い山も見えるよ

大荒沢岳
1,313m

沢尻岳
1,260m

4月の後半あたりにカタクリの大群落が見れるよ

山頂は展望がよくないけど手前からの展望は素晴らしいよ

100名山ガイド
「山野あゆむ」
が案内します！

1,091m

前山分岐

郡界分岐

▲根菅岳
1,340m

西和賀町

ここから前山分岐まで急な登りが続くよ

駐車場
486m

300m　国土地理院地形図

主な高山植物

カタクリ

エゾオヤマリンドウ

・イワイショウブ
・イワイチョウ
・イワウチワ
・オヤマリンドウ
・カタクリ
・コバギボウシ など

107

山頂は360度の大展望、つつじ咲く庭園。

❺❷ 大森山 おおもりやま 759m

標高差 146m、歩行距離 2.2km
山頂から360度の展望
展望台はツツジ咲く庭園

[難易度／★★☆☆☆　歩行時間:40分、登り:25分、下り:15分]

西面の竹野下から眺める大森山

登山口

ツツジが咲く山頂

　歩行時間も短く登山道もしっかりしているので手軽に登ることができる。つつじで有名な隣の徳仙丈山は宮城県の山だが、大森山は岩手、宮城県境にあり、標高は徳仙丈山より高い。もちろんつつじでも有名なスポットなので合わせて登る人も多い。

　満開のシーズンは例年5月中旬から6月上旬。登山口となるコルまで登らず林道途中から山頂を目指す登山道も以前はあったようだが、今回は確認することができなかった。

コース　太田山コルの登山口〜大森山 往復

1月	2月	3月	4月	5月	6月	7月	8月	9月	10月	11月	12月
積雪期			登山適期							積雪期	

　コルから標識に従い南に向かう道に入る。登山道というより狩り払いされた広い道だ。まるでスキー場のゲレンデの斜面を登っているような感じの登山道を登っていく。

　斜面が急になってくると山頂は近い。登山口から25分ほどで山頂に着く。山頂からの展望は素晴らしいの一言。

　条件が揃えば遠く早池峰山、焼石岳、栗駒山まで望むことができる。帰路は同ルートを下る。

参考タイム／大森山と太田山間のコル登山口→【0:25】大森山
　→【0:15】登山口

100名山ガイド
「山野あゆむ」
が案内します！

太田山
685m

←県道18号

登山口
613m

山頂まで急な登りが
続くからゆっくりね

大森山
759m

山頂付近は
ツツジが見事だよ

N　300m　国土地理院地形図

> アクセス
> マイカー／県道18号本吉室根線、室根町津谷川から太田山と大森山の間のコルに向かって林道を走る。コルには数台の車を停めることができる。
> 問合わせ／一関市観光協会 ☎0191-23-2350

登山口の標識は無いが、明瞭な道のあるマンダとオサバグサの山。

(53) 風鞍 かざくら 1,023m

標高差 473m、歩行距離 7.0km
山頂から南方に少しの展望あり

［難易度／★★★☆☆　歩行時間：４時間20分、登り：２時間、下り：２時間20分］

山頂手前の展望地から眺める風鞍

登山口

刈払いされたばかりの山頂

地形図にはないが明瞭な登山道がある。ルートは展望の無い樹林と藪が全てで登る人はないが、和賀山塊縦走や薬師岳、黒森山の周回の起点としても使える。
オサバグサは６月頃に開花。マンダの巨木は黒森山登山口にむかう林道にあるという。

周回コース　登山口～黒森山分岐～828m～風鞍～黒森山～林道合流～登山口

真木林道から分かれた七瀬沢林道の標高550m付近で、左に分岐する地形図にない林道が山口となる。車を置いてしばらく歩くと右上にあがる分岐に入り道はすぐに沢状になる。30分ほどで黒森山からの道に合流し、展望のない尾根を30分程登ると東面が開けた唯一展望地に出る。風鞍の頂上は指呼の間で、一旦下っ登り返すと頂上には立派な標識があり焼石岳が望る。この標識以外にルート上に案内標識はない。山時に黒森山を経由する道を歩いたが、藪で覆わているので初心者が単独で入るのはやめよう。

考タイム／風鞍登山口（林道分岐）→【0:50】黒森山分岐→【1:10】風鞍→【1:00】黒森山分岐→【1:20】風鞍登山口

月	2月	3月	4月	5月	6月	7月	8月	9月	10月	11月	12月
積雪期					登山適期					積雪期	

マイカー／国道46号から仙北市上清水で県道50号に入り、みずほの里ロードを進む。斉内川を渡ったら県道259号に左折し、真木渓谷を目指し、小路又橋を過ぎた後に七瀬沢林道に入る。
問合わせ／大仙市役所太田支所 ☎0187-88-1111
入浴施設／川口温泉奥羽山荘 ☎0187-88-1717

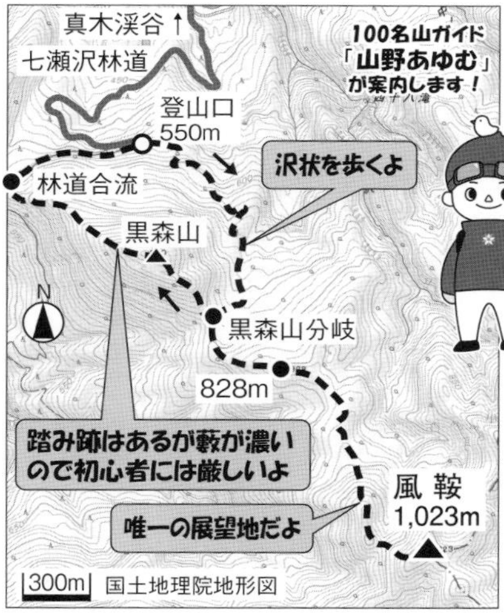
真木渓谷↑
七瀬沢林道
100名山ガイド
「山野あゆむ」
が案内します！
登山口
550m
沢状を歩くよ
林道合流
黒森山
N
黒森山分岐
828m
踏み跡はあるが藪が濃いので初心者には厳しいよ
風鞍
1,023m
唯一の展望地だよ
300m
国土地理院地形図

かつての信仰の山を偲びつつ、焼石連峰の雄大さを肌身で感じる。

◆54 経塚山 きょうづかやま 1,372m

標高差807m、歩行距離15.0km
山頂から360度の展望
三等三角点、日本の山1000

[難易度 ★★★★☆　歩行時間：6時間40分、登り：3時間40分、下り：3時間]

林道から眺める経塚山

　牛形山、駒ヶ岳とともに夏油三山の一つ。写経を納める山ということで、経塚山という山名がついたと言われる。山頂には、経堂と駒形大明神の碑が建つ。山頂からは全方位の展望が広がり、焼石連峰の大きさを実感することができる。現在は夏油温泉からの登山道がポピュラーだが、かつての駒形信仰の登山道は胆沢から開かれていたという。

　この経塚山からは焼石岳まで稜線沿いに登山道がつながっており、途中で金明水避難小屋に一泊しながら高山植物を楽しみつつ縦走も可能だ。

夏油温泉

夏油川にかかる新しい橋

高山植物が咲く草原を登る

アクセス	マイカー／東北自動車道の北上江釣子ICから国道107号を西へ進む。すぐに夏油温泉の標識が出てくるので、それに導かれて進む。夏油温泉の駐車場には20台程駐車可能。トイレあり。 問合わせ／北上市役所 ☎0197-64-2111 入浴施設／水神温泉湯元東館 ☎0197-73-7297

夏油温泉駐車場の登山口を出発して、暫く進むと林道に出会うが、経塚山は林道を左に進む。長い林道歩きの後、急な斜面を下り、夏油川まで下る。2014年に崩落した歩道橋は2022年8月現在ほぼ改修済みで渡ることが可能。いきなりロープを伝って登山道を登る。こから四合目までブナ林の長い急な登りが続く。四合目から六合目までは稜線上をアッダウンを繰り返しながら緩やかに登る。やがて六合目水場に着くので、ここで休憩しよう。坪の松を経て、周囲は灌木帯に変わり、小さな湿地を経て木道を進むと、八合目で山頂続く高山植物の草原が目の前に現れる。こは高山植物を踏みつけないように足元に気つけて登ろう。平坦な頂上台地を進むとや山頂だ。焼石連峰はもちろん、栗駒山、池峰山など360度全開の展望が広がる。下は往路を下る。

考タイム／夏油温泉→【0:20】経塚牛形分岐→【2:00】
六合目水場→【1:20】経塚山→【3:00】夏油温泉

100名山ガイド
「**山野あゆむ**」
が案内します！

林道歩きが長いよ

**夏油川を新しい
橋で渡ろう**

経塚山分岐　夏油温泉
登山口
565m

経塚山歩道橋

1,006m

夏油川

**四合目まで急な登り
ここが核心だよ**

1,029m

合目〜六合目まで
ップダウンだよ

**六合目の冷たい
水場はありがたい**

**急に視界が
広がるよ**

水場　お坪の松
1,188m

**お花畑を楽しみ
ながら登ろう**

▲経塚山
1,372m

00m　国土地理院地形図

山頂（左が栗駒山、右が焼石岳）

山頂から焼石岳を望む

1月	2月	3月	4月	5月	6月	7月	8月	9月	10月	11月	12月
積雪期				登山適期						積雪期	

主な高山植物

・オノエラン
・カモメラン
・チシマフウロ
・ハクサンチドリ
・ヒナザクラ
・ミヤマシオガマ
・ユキワリコザクラ
　など

ウメバチソウ

その他コース 金明水小屋を経て焼石岳へ縦走

⑤⑤ 栗駒山 くりこまやま 1,627m

標高差512m、歩行距離8.6km
山頂から360度の展望、一等三角点
日本三百名山、東北百名山、花の百名山
日本の山1000、山岳標高1003山

[難易度／★★★☆☆　歩行時間：3時間45分、登り：2時間、下り：1時間45分]

産沼分岐付近から眺める栗駒山

　栗駒国定公園の中央にあり宮城、秋田、岩手の3県境に位置する火山である。宮城県側の南東斜面に現れる馬の雪形が山名の由来とされている。この地域は豪雪地帯で初夏ま雪が残り、その雪田の雪が消えていく側から高山植物の大群落が一斉に咲きはじめる。

　秋には神の絨毯と言われる日本屈指の紅葉に思わず息をのむことだろう。また緑を纏た栗駒山の山体もとても優美である。各登山口までのアプローチは舗装路と大駐車場がり、初心者、中高年に優しい難所の少ないコースが多いことも栗駒山の人気の一つである

　岩手県側の須川温泉登山コース、宮城県側のイワカガミ平登山コースなど、歩行時間2〜4時間と山を始める方にも易しく、栗駒山の四季は感動を与えてくれるはずである。また、山麓には温泉が豊富に湧き出ていて、登山者の疲れを癒やしてくれる。

湯煙り漂う登山口

湿地帯に敷かれた木道

産沼

アクセス	マイカー／東北自動車道一関ICから国道342号を、秋田県東成瀬村方面へ進む。県境の須川高原温泉が登山口。 問合わせ／一関市役所 ☎0191-21-2111 入浴施設／須川高原温泉 ☎0191-23-9337

　2022年7月現在、須川コースは昭和湖迄で通行止めのため、産沼コースより栗駒山を目〔指〕す。登山口は、湯煙漂う須川の源泉から始まる。大日岩横のスロープを登り、左に登山〔道〕は続く。名残ヶ原までは灌木帯の中を進む。夏は湿性植物、秋は草紅葉の美しい名残ヶ〔原〕に引かれた木道を進むと須川コースとの分岐、苔花台となる。三途の川を渡り産沼分岐へ。〔こ〕こからは産沼コース一番の急登、粘土質で泥濘が多いので滑らないように注意して登り〔た〕い。傾斜が緩むと山頂までは直ぐだ。山頂での展望は全方位で圧巻だ。下山は往路を下る。〔時〕間に余裕があれば是非、神秘的な昭和湖を見に行きたい。

〔参〕考タイム／須川高原温泉→【0:40】苔花台分岐→【0:40】産沼→【0:40】栗駒山→【0:40】産沼→【0:40】苔花台分岐→【0:25】須川高原温泉

全方位展望の山頂

昭和湖

月	2月	3月	4月	5月	6月	7月	8月	9月	10月	11月	12月
積雪期			登山適期							積雪期	

須川高原温泉
登山口
1,115m
名残ヶ原
苔花台分岐
三途の川
産沼分岐
産沼
昭和湖
須川コース
龍泉ヶ原
1,499m
栗駒山
1,627m

湿地帯に敷かれた木道付近は
高山植物と草紅葉が美しいよ

須川コースは現在
通行止めになっているよ

〔1〕00名山ガイド
〔「〕山野あゆむ」
〔が〕案内します！

この辺からの紅葉が
とても素晴らしいよ

昭和湖まで入れるから
神秘的な色の湖を見てね

300m 国土地理院地形図

主な高山植物

ミヤマキンバイ

・イワイチョウ
・イワカガミ
・オノエラン
・タテヤマリンドウ
・ハクサンシャクナゲ
・ヒナザクラ　など

その他のコース

■須川コース（現在通行止）
■イワカガミ平コース（南東側）
■笊森コース（北北東側）
■湯浜コース（南西側）
■天馬尾根コース（北西側）

113

春先にスノーシューで、雪上ハイクを楽しめる隠れ名山。

56 黒 森 くろもり **944m**

標高差734m、歩行距離19.4km
山頂から360度の展望
一等三角点、山岳標高1003座

[難易度／★★★★★　歩行時間：6時間50分、登り：3時間50分、下り：3時間]

934mピークから眺める黒森

　岩手県には何座かの黒森山があるが、ここは西和賀町にあることから和黒森山と呼ばれている。登山道はなく3月から4月の残雪期に登られる山である。コースとしては国道沿いの作業道からとりつく尾根コースがよく登られているが、尾根上部は痩せており雪庇の崩壊もあり、時間も多くかかる（登り6時間、下り4時間）。そこでここでは、林道歩きは長いが、比較的安全で短時間に登頂できる林道コースを紹介する。

　春先、まだ多くの雪に覆われた頃、スノーシューでアプローチして雪山を楽しみたい。ただし、林道歩き中のブロック雪崩には気を付けよう。

スタート地点

尾根への取付き点

910m付近から見る山

アクセス　マイカー／国道107号を湯田に向かい、和賀仙人駅を過ぎると当楽沢に出会う。当楽林道に入ってすぐの橋の手前に駐車。
問合わせ／西和賀町観光協会　☎0197-81-1135
入浴施設／ほっとゆだ（駅舎にある温泉）　☎0197-82-2911

林道に入ってすぐの橋のたもとに車を駐車。たまに雪崩跡の残る林道を終点まで歩く。アプローチとしてはスノーシューがお勧めだ。スキーでもよいが、所々にブロック雪崩の跡があり、そこを乗り越すのに苦労する。当楽沢沿いの林道をひたすら歩き、林道が大きくカーブした所が取り付きになる。ここは右に沢状に開けた所で、正面に黒森山が望める。

沢の左の尾根に取りつくがはじめは急登である。スノーシューのヒールリフター（クライミングサポート）を駆使して、時には木を掴み支えにしながら頑張ろう。

しだいに傾斜も緩み、広い尾根となり展望が開けてくる。黒森の山頂も至近距離に見えてくる。934mピークに着いたら直角に右にルートをとり、ひと登りで山頂に着く。

下山は同ルートを戻るが、帰りの林道が長いので心を無にして歩こう。

参考タイム／除雪終点→【2:30】林道大カーブ→【1:00】934mピーク→【0:20】黒森→【3:00】除雪終点

展望がよい山頂

月	2月	3月	4月	5月	6月	7月	8月	9月	10月	11月	12月
登山適期		登山道が無いため藪漕ぎ									

黒森
944m
934m

360度の展望で焼石岳が見えるよ

稜線まで急斜面なので下りは要注意だよ

林道大カーブ

当楽沢

750m

林道コース

ここが尾根への取り付きで初めて黒森が見えるよ

100名山ガイド
「山野あゆむ」
が案内します！

758m

尾根コース

当楽沢

629m

林道は長いのでのんびり歩いてね

影戸沢

当楽林道

除雪終点
210m

北上→

国道107号

300m　国土地理院地形図

湯田ダム

尾根コース上部の痩せた尾根

その他コース 尾根コース（南南東側）

登山口から続くブナ林が素晴らしい全方位展望の山。

❺⑦ 高下岳 こうげだけ 1,323m

標高差818m、歩行距離9.2km
山頂から360度の展望
三等三角点

[難易度 ★★★☆☆　歩行時間：4時間50分、登り：2時間55分、下り：1時間55分]

高下岳南峰から眺める高下岳

　和賀川源流を挟んで和賀岳の東に位置する。奥深い原生の山で、そのほとんどが見事なブナ林に覆われている。頂稜は北峰と南峰で構成されているが、主峰は北峰である。どちらも和賀岳の絶好の展望地として知られているが、堂々とした山容に正面から対峙する南峰からの眺めが一歩勝る。周辺の山に共通するが、ツキノワグマが多く生息している。

　主な登山口は今回紹介する高畑口と、和賀岳と共通の高下口がある。

　登山シーズンは5月中旬〜11月中旬だが、新緑と紅葉の季節がお勧めだ。

高畑登山口

登山道四合目

高下岳南峰

アクセス

マイカー／秋田自動車道湯田ICを出て国道107号を北上方面に進む。1kmで湯本温泉方面に左折。その先4kmで「沢内」の標識に従い県道1号を北上。ICから28kmで「高畑登山口」の標柱があり左折(標柱の隣には小さい金毘羅神社がある)。3.5kmで高下登山口だ。5〜6台の駐車スペースがある。ICから31.5km(未舗装部2.5km)50分。

問合わせ／西和賀町役場沢内庁舎 ☎0197-85-2111、西和賀町観光協会 ☎0197-81-1135

入浴施設／真昼温泉 ☎0197-85-2420、沢内バーデン ☎0197-85-2601

高下岳北峰

南峰から眺める和賀岳

コース 高畑登山口〜赤沢分岐〜分岐〜高下岳〜南峰〜分岐〜高畑登山口

参考タイム／登山口→【1:30】六合目→【1:10】分岐→【0:15】高下岳往復→【0:15】南峰往復→【1:40】登山口

落ち葉の登山道、ブナ林を進む。登山道は広く歩きやすい。時おりブナの巨木が現れ飽きることがない。40分ほどで四合目、1時間ほどで樹林の中の836m地点に着く。標識はない。

六合目を過ぎて一旦緩やかになる。1,066m地点も展望なし。下草が増え始めるとまもなく八合目だ。足下のステップが掘られて深くなる。灌木が低くなり空が広がり始めれば稜線分岐は近い。ハイマツが現れると稜線分岐だ。和賀山塊が目に飛び込んでくる。北峰へも南峰へもそれぞれ往復15分だ。

ハイマツの中の道を辿って北峰に立つ。頂上標識の後に和賀岳、その左に遠く鳥海山、北には秋田駒ヶ岳、岩手山、姫神山。東に早池峰山、薬師岳と全方位の展望が楽しめる。

高下岳
1,323m

岩手山、秋田駒ヶ岳の
展望が素晴らしいよ

100名山ガイド
「山野あゆむ」
が案内します！

分岐

高下岳南峰
1,320m

対岸に見える和賀岳の
展望が素晴らしいよ

この辺が森林限界で
登るごとに展望が開けるよ

1,066m

高畑コース

急坂の登りだよ
先は長いからゆっくりね

みごとなブナ林を
眺めながら歩こう

836m

赤沢分岐（四合目）

赤沢分岐まで
急な登りが続くよ

登山口
505m

N

300m　国土地理院地形図

大荒沢岳、モッコ岳（右）

1月	2月	3月	4月	5月	6月
積 雪 期					適期

7月	8月	9月	10月	11月	12月
登山適期				積雪期	

その他のコース

■貝沢〜大荒沢岳〜根菅岳経由
■和賀岳・高下岳登山口〜高下分岐〜高下岳南峰経由

奥州市にある駒形神社のご神体として祀られる信仰の山。

58 駒ヶ岳 こまがたけ 1,130m

標高差530m、歩行距離 7.0km
山頂から360度の展望

[難易度 ★★★☆☆　　歩行時間：3時間30分、登り：2時間、下り：1時間30分]

麓の牧場から望む駒ヶ岳(右)と経塚山

　牛形山、経塚山とともに夏油三山の一つ。焼石連峰の北端に位置する。夏油駒や金ヶ崎駒とも呼ばれている。

　昔から信仰の山として知られており、山頂には奥州市の駒形神社の奥宮が祀られている。残雪が馬の形になって田植えの時期を知らせてくれたという由来、上毛野の胆沢公がこの山の雄姿を目にして山頂に駒形大神を寄進し駒ヶ岳と命名したという由来の二つが残る。

　ブナの林や高山植物も豊富で、山頂からの展望も申し分ない。

うがい清水登山口

うがい清水

上賽ノ河原から望む山頂

アクセス	マイカー／東北自動車道の北上金ヶ崎ICから金ヶ崎温泉を目指して進み、温泉から県道37号を1.7km南下。金ヶ崎駒ヶ岳登山道入口の標識を右折。舗装された道を約5kmでうがい清水登山口。 問合わせ／金ヶ崎町役場 ☎0197-42-2111 入浴施設／金ヶ崎温泉駒子の湯 ☎0197-43-2227

　この山には、金ヶ崎町のうがい清水登山口からのコースと、夏油温泉からのコースがあ
るが、今回はポピュラーなうがい清水登山口からのコースを紹介する。
　赤い鳥居の手前にある登山道入り口からブナ林の中を登っていく。鳥居の奥には、うが
い清水の水場があるので、出発前に水筒に水を満たしていこう。
　登山道は昔から奥宮への参拝客が登った道だけに明瞭だ。ブナの林に癒される。742mの
三角点を経て、さらにブナの中を進むと樹木の背が低くなり、下賽の河原を経て上賽ノ河
原に着く。ここで展望が開けてきて、駒ヶ岳山頂や経塚山が見えてくる。目を凝らすと山
頂の奥宮も見える。一旦ここで鞍部に下り登り返すと駒形神社奥宮が建つ山頂だ。山頂か
らは遮るものがない360度の展望が広がり、焼石連峰をはじめ栗駒山などが見渡せる。
　下山は往路を下る。

参考タイム／うがい清水登山口→【0:40】三角点→【0:50】上賽ノ河原→【0:30】駒ヶ岳→【1;30】登山口

山頂に建つ駒形神社奥宮

麓の牧場から眺める経塚山

月	2月	3月	4月	5月	6月	7月	8月	9月	10月	11月	12月
積雪期			登	山	適	期				積雪期	

主な高山植物

コメツツジ

・ウコンウツギ
・ギンリョウソウ
・ショウジョウバカマ
・ツガザクラ
・ツルアリドオシ
・トガクシショウマ など

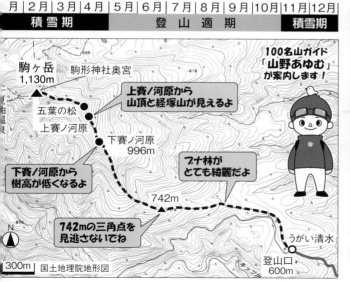

駒ヶ岳
1,130m
駒形神社奥宮

**100名山ガイド
「山野あゆむ」
が案内します！**

五葉の松

**上賽ノ河原から
山頂と経塚山が見えるよ**

上賽ノ河原

下賽ノ河原
996m

**下賽ノ河原から
樹高が低くなるよ**

**ブナ林が
とても綺麗だよ**

742m

**742mの三角点を
見逃さないでね**

うがい清水

登山口
600m

300m　国土地理院地形図

その他のコース

■夏油温泉からのコース

⑤⑨ 猿岩の頭 さるいわのあたま 549m

標高差 99m	
歩行距離 0.8km	
山頂から展望なし	

[難易度／★☆☆☆☆　　歩行時間：35分、登り：20分、下り：15分]

おろせ広場から眺める猿岩の頭と南西側の岩場

　何故に山とは思えない猿岩を掲載したかは前書きに記載の通りである。ダムが拡張される前には猿岩隧道手前から岩壁下まで歩き、岩壁に取り付いていた。現在は猿岩の頭からフィックスロープ沿いに下り、残置支点から懸垂下降をしてから岩登りを始める。猿岩の代表的なルートはKGカンテで、美しいディエードルがあり快適なクライミングが楽しめる。ぜひチャレンジしてみて欲しい。

　岩手県の天然記念物に指定されているユキツバキの自生地があることも、この山の魅力の一つである。

おろせ広場

林道からの登山口

於呂閇志神社奥宮

アクセス	マイカー／奥州市水沢区より国道397号を西進。胆沢ダムを通り過ぎ栗駒焼石ほっとラインに入り、すぐにつぶ沼園地キャンプ場がある。そのまま道なりに進み奥州湖大橋を渡れば「おろせ広場」に着く。広場には周辺の地図があり猿岩がよく見える。目の前の猿岩橋を渡り、2度の分岐を左に行けば林道が行き止まりになり駐車できる。

問合わせ／奥州市役所　☎0197-24-2111

　林道終点手前の階段が登山口になる。参道を進むと於呂閉志（おろへし）神社奥宮に着く。神社正面右手から登山道があり10分ほどで猿岩の頭に着く。

　頭には標高点と標柱があり、あわせて猿岩と記載された標識が木にぶら下がっている。

　クライミングする場合は、湖側に少し下ると懸垂下降点に着く。猿岩の頭からの下りは、同ルートで15分程で駐車場に着く。

参考タイム／
駐車場→【0:20】猿岩の頭→【0:15】駐車場

1月	2月	3月	4月	5月	6月	7月	8月	9月	10月	11月	12月
積雪期			登山適期							積雪期	

100名山ガイド「山野あゆむ」が案内します！

焼石岳登山口
ツブ沼
ツブ沼キャンプ場
国道397号
宮子沢大橋
谷子沢
水沢→
秋田
奥州湖

クライミング中に見える奥州湖はすごくキレイだよ

ユキツバキの群生がこの付近から始まるよ

▲ 猿岩の頭 549m
奥州湖大橋
猿岩
駐車場 450m
於呂閉志神社奥宮
うろせ広場
猿岩橋

ここから眺める岩壁は素晴らしい景色だよ

厳美町

300m　国土地理院地形図

N

猿岩の頭

KGカンテへの下降口

4ピッチ目 ディエードルのライン

KGカンテから眺める奥州湖

⑥ 三 界 山 さんかいさん
1,381m

標高差590m、歩行距離10.9km
山頂から360度の展望
三等三角点

[難易度／★★★★★　歩行時間：6時間10分、登り：3時間50分、下り：2時間20分]

1,149mピークから眺める三界山

　焼石連峰に連なる三界山は、主峰焼石岳から望むと周囲を湿地に囲まれた大変魅力的な山である。山名の由来は、現奥州市、現西和賀町、東成瀬村の三郡に跨るからという説と、山容が三段であるからという説の二つがある。登山道はなく、残雪期に頂上を目指す。

　アクセス方法としては、5月中旬に国道397号の開通を待ち、「三合目登山口」又は「すずこやの森登山口」から入山し残雪を利用して登るのが一般的のようだ。

　ここでは残雪が最も美しい3〜4月のコースである、入道集落から延びる南本内林道を使って標高791mまで登り、ここを起点に往復するコースを紹介する。なお、どの時期どのコースを選んでも「雪山JOY！」を楽しめる。

駐車する791m地点

990mピークから見た蟻巣山

蟻巣山から眺める三界山

アクセス　マイカー／秋田県東成瀬村内国道397号から県道40号に入り、入道集落で南本内林道へ。一本道を5km位で、石採取場との分岐あたりが駐車場791m地点になる。
問合わせ／東成瀬村企画課 ☎0182-47-3402

コース 南本内林道791m地点〜蟻巣山〜1,149mピーク〜三界山　往復

南本内林道は採石場の重機やダンプに利用されており、駐車は通行の妨げにならないよ
に留意が必要。状況によってはもう少し低い地点から歩くことも想定される。791m地点
らは急な斜面を登り、990mピークまで進み、次に1,030mピークを目指す。1,030mピー
は踏まずにその手前をトラバースして蟻巣山まで登ると、三界山につながる今回の登山
ートが明確に見えてくる。

1,120mピークで雪庇を越して下り、ルートを東にとる。この雪庇だが、大きく南側から
り込もうとすると、その下の雪面が割れているので注意が必要だ。1,022mの最低鞍部ま
下ったら登り返す。しだいに広大な雪原を登るようになっていき、1,267mピークとその
に目指す三界山が見えてくる。1,149mピークから南東方向に進路を変え、稜線沿いに進
と山頂だ。焼石岳のパノラマを堪能しよう。下りは往路を戻る。

考タイム／林道791m→【1:40】蟻巣山→【2:10】三界山→【1:40】蟻巣山→【0:40】林道791m

山頂手前から三界山

山頂から南本内岳

1月	2月	3月	4月	5月	6月	7月	8月	9月	10月	11月	12月
登山適期			登山道が無いため藪漕ぎ								

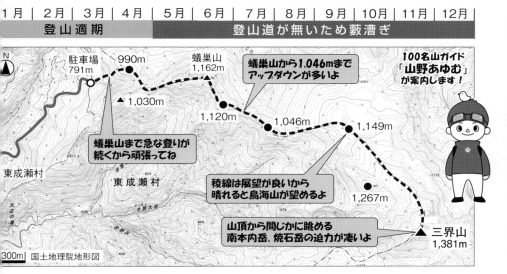

駐車場 791m　990m　蟻巣山 1,162m

蟻巣山から1,046mまで
アップダウンが多いよ

100名山ガイド
「山野あゆむ」
が案内します！

△1,030m

1,120m　1,046m　1,149m

蟻巣山まで急な登りが
続くから頑張ってね

東成瀬村

東成瀬村

稜線は展望が良いから
晴れると鳥海山が望めるよ

1,267m

山頂から間じかに眺める
南本内岳、焼石岳の迫力が凄いよ

▲三界山
1,381m

300m　国土地理院地形図

山全体がご神体。山頂には吾勝神社が祀られている神の山。

⑥1 自鏡山 じきょうざん 312m

標高差 180m、歩行距離 1.7km
山頂からの展望なし
三等三角点

[難易度／★★☆☆☆　歩行時間：50分、登り：30分、下り：20分]

国道457号から眺める自鏡山

社務所の登山道入口

吾勝神社を祀る山頂

　一関市の西、宮城県との県境に近い山。小さいながら独立峰である。山頂には吾勝神社が建ち、主に表参道、裏参道の２本の道がある。表参道は、国道457号から少し入った社務所から登り中腹で裏参道から来る道と合流する。

　車で来た場合、社務所の広場に駐車することになるので、裏参道から広場まで来てここに停めた方が良い。

コース　社務所登山口〜自鏡山 往復

1月	2月	3月	4月	5月	6月	7月	8月	9月	10月	11月	12
積雪期			登	山	適	期					積雪

　社務所のある広場から鳥居をくぐって登山道に入る。約500mで裏参道と合流する広い広場にでる。ここから右の階段を登り、左へ行くとまた右側に階段があるので、登ると拝殿に着く。

　拝殿を右に見て、左から巻くようにして登ると本殿のある山頂に到着。

　山頂からの景色は樹木に覆われていて望めない。帰路は往路を戻る。

参考タイム／吾勝神社社務所→【0:15】裏参道合流点
　→【0:15】自鏡山→【0:10】合流点→【0:10】社務所

アクセス　マイカー／一関市から国道457号を西に約15km走ると、自鏡山の入口となる吾勝神社参道入口の標識がある。左折すると社務所駐車場。
問合わせ／岩手南部森林管理署
☎0197-24-2131

その他コース　裏参道コース（南側）

100名山ガイド「山野あゆむ」が案内します

吾ノ口
国道457号
吾勝神社社務所
登山口 132m
表参道
自鏡山 312m
裏参道合流点

奥宮には小さな乙女像があるよ
長い階段を登ると吾勝神社があるよ

300m　国土地理院地形図

⁶²仙人山 せんにんやま 882m

標高差706m、歩行距離9.3km
山頂から展望はなく、手前に展望あり
二等三角点

［難易度／★★★☆☆　　歩行時間：4時間10分、登り：2時間30分、下り1時間40分］

錦秋湖付近から眺める仙人山

登山口

展望がない山頂

巨木百選に選ばれている樹齢900年以上の姥杉は、久那斗神社の御神木とされる。藤原秀〇が先祖を祀ったとされるこの神社までは往時の秀衡街道、春には両脇にニリンソウの花〇続くプロムナードとなる。神社からは尾根道となり展望とブナ林を楽しめるが、頂上周〇は笹などで雪のない時期の展望はない。

1月	2月	3月	4月	5月	6月
積 雪 期				登山適期	

7月	8月	9月	10月	11月	12月
登 山 適 期				積雪期	

コース 登山口〜久那斗神社〜岩沢分岐〜仙人山 往復

駐車場先の登山口には鳥居がある。沢を渡る鉄橋をくぐりしばらく平坦な道を行くと、〇かり難い渡渉点に出るが、看板が目印になる。その先姥杉までがもっとも花が多く、つ〇ら折れの道の良さが秀衡街道の名残りをとどめて〇る。左上の久那斗神社の奥から尾根に入る。送電〇の鉄塔を過ぎ笹が混じった急登となる区間は注意〇よう。傾斜が緩やかになると尾根は大きく右にカ〇ブし、北上平野をのぞむ展望台を過ぎるとすぐに〇沢分岐の看板がある。さらにひと登りで頂上だ。

考タイム／駐車場→【1:10】姥杉→【1:05】岩沢分岐→〇0:15】頂上→【0:55】姥杉→【0:45】駐車場

マイカー／秋田自動車道北上西ICから国道107号に出て西和賀方面に向かい、和賀仙人駅を過ぎ仙人橋を渡る手前の東詰めを左折し、和賀川右岸の道を進むと駐車場がある。
問合わせ／北上観光協会 ☎0197-65-0300
入浴施設／湯どころ まーす北上 ☎0197-64-7400

久那斗神社、姥杉
登山口 176m

西側が切れていて
滑りやすいよ

100名山ガイド
「山野あゆむ」
が案内します！

706m

展望が広がるよ

仙人コース

展望が広がるよ

仙人山 882m

岩沢分岐

N

300m 国土地理院地形図

◀63▶ 束稲山

たばしねやま
595m

標高差60m、歩行距離0.5km
山頂から展望はあまりない
一等三角点

[難易度／★☆☆☆☆　歩行時間：往復20分]

束稲山全景

登山口

山頂

　平泉町、奥州市、一関市の境界に位置する山で、経塚山・音羽山とならんで平泉三山と呼ばれる。稲の束がたわんでいるように見えることから束稲山と呼ばれる。

　春にはカタクリ、5月はツツジが有名だ。山頂には中継局が設置されており、展望はあまりないが、中尊寺や衣川古戦場などが見下ろせる。登山シーズンは四季を通して可能だがお勧めは4月中旬〜11月だ。

コース　登山口〜束稲山　往復

1月	2月	3月	4月	5月	6月	7月	8月	9月	10月	11月	12月
冬	山		登山適期						紅葉	冬	山

　駐車スペースから50m先の分岐を左に上って行く。車が通れる幅の道を500m進めば頂上だ。実際に車で頂上まで行けるが、「関係者以外通行禁止」の案内板が分岐にある。

　車のすれ違いはかなり難しく、道はアンテナのメンテナンス用の道だ。10分くらいの歩きで頂上に着く。頂上一帯は合計7基のアンテナが建っている。

参考タイム／登山口から山頂往復【0:20】

アクセス
マイカー／平泉前沢ICから平井バイパス北口の信号を左折し、箱石橋を渡ったら県道14号を左折。赤生津小学校を過ぎて右折し束稲方面へ向かう。月山神社を過ぎると束稲山の標識あり。平泉町に入ってから700m程、登りきった辺りが登山口だ。登山口の案内はない。左上する分岐がありその道が登山道だ。50m手前に駐車スペースがある。平泉前沢ICから舗装路を11km、25分で着く。
問合わせ／一関市観光案内所 ☎0191-23-2350

国道4号
音羽山
539m
この道路は
メンテナンス道だよ

登山口
535m
束稲山
595m

100名山ガイド
「山野あゆむ」
が案内します！

山頂一帯には複数の
アンテナ塔が建っているよ

300m　国土地理院地形図

64 天　竺　山

てんじくやま
1,318m

標高差 598m
歩行距離 22.9km
山頂から360度の展望

[難易度／★★★★★　歩行時間：12時間45分、登り：7時間05分、下り：5時間40分]

金明水から眺める天竺山

東焼石岳から天竺山方面

山頂から眺める焼石連峰

中沼から見る山容にはそそられるが、たちの悪い藪漕ぎを往復2時間以上強いられるた、とりつく人はごく僅か。山頂は切れ落ちており、苦労の末に得られた展望は格別だ。

ース　中沼登山口〜東焼石岳〜金明水〜天竺山 往復

1月	2月	3月	4月	5月	6月	7月	8月	9月	10月	11月	12月
積雪期					登山適期					積雪期	

姥石平までは焼石岳の頁を参照していただきたい。東焼石岳から東の稜線は強風時注意必要だ。アップダウンを繰り返し金明水避難小屋は遠い。通常は登山道を天竺平まで登っから藪に入る。ストックをしまい、先が見えないなか真南に進むと左側が切れ落ちてく。ここまでで藪漕ぎは約半分、頂上手前まで濃い藪は続く。最後に痩せた尾根を渡ると付となり頂上へ。山頂はその苦労が報われるような360°の素晴らしい景色だ。帰りも登と変わらない藪漕ぎが待っている。

なお、金明水へ直登する天竺沢コースはガイが必要で、増水時は尿前川が渡れない。

考タイム／中沼登山口→【3:20】姥石平→【1:00】六沢山→【1:15】金明水小屋→【1:30】天竺山→【1:10】金明水小屋→【1:30】六沢山→【0:50】姥石平→【2:10】中沼登山口

マイカー／国道397号に架かる尿前渓谷橋を渡ってすぐ右に曲がり尿前林道へ入る。中沼登山口迄はかなりの悪路なので4WD車を勧めたい。駐車場は40台程。トイレあり。
問合わせ／焼石観光開発連絡協議会事務局
☎0197-46-2111
入浴施設／焼石温泉 焼石クアパーク ひめかゆ
☎0197-49-2006

稜線からの展望は
素晴らしいよ

金明水
1,168m

六沢山
1,380m

天竺山
1,318m

焼石岳
1,548m

ここからキツイ
藪漕ぎだよ

東焼石岳
1,507m

姥石平
1,421m

100名山ガイド
「山野あゆむ」
が案内します！

銀水
1,150m

N

300m　国土地理院地形図

中沼登山口
720m

その他コース　天竺沢コース（南南東側）

⑥⑤ 砥森山 ともりやま 670m

標高差285m、歩行距離3.6km
北峰から展望はないが南峰から展望あり
三等三角点

[難易度／★★☆☆☆　歩行時間：1時間40分、登り：55分、下り：45分]

大平地区から眺める砥森山

登山口

砥森山神社がある南峰

花巻市と遠野市の境に位置する山。砥石となる岩石が産出したことからこの名前が付いたと言われ、かつては女人禁制の山であったという。筆者の個人的見解だが、岩手では山のことを森と称することがあり、砥石となる石がある山、砥森となったのではないか？

コース　登山口〜大平コース〜砥森山 往復

1月	2月	3月	4月	5月	6月	7月	8月	9月	10月	11月	12月
積雪期			登 山 適 期								積雪期

　花巻市の向田瀬からも登られているようだが、今回は遠野の大平地区からの往復ルートを紹介する。登山口から林道を100mくらい進むと数台車を停めることができる場所に着くが、ここは私有地なので駐車は禁止。先程の舗装道路終点に停めてもらいたい。

　登山道にはほとんど標識はないが、道なりに登れば迷うことなく大きな剣が祀られた砥森山神社がある南峰に着く。最高点の北峰へは、向田瀬に向かう道を10mほど下るとピンクのテープがあるので、そこを右に行く。標識などはない。帰路は往路を戻る。

参考タイム／登山口→【0:45】南峰→【0:10】北峰
→【0:10】南峰→【0:35】登山口

アクセス	マイカー／国道283号、道の駅みやもりを右に通り過ぎ、国道が釜石線と並行して走るようになると線路を越える橋が右にあるので右折。この入口は非常に解りづらい。橋を渡り線路沿いの道を左に見送り、最初の道を右折。道なりに行くと舗装が途切れた所が登山口。
	問合わせ／遠野市役所宮守総合支所 ☎0198-67-2111

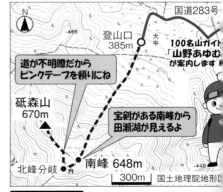

道が不明瞭だからピンクテープを頼りにね

宝剣がある南峰から田瀬湖が見えるよ

国道283号
登山口 385m　大平
砥森山 670m
北峰分岐　南峰 648m
300m　国土地理院地形図

100名山ガイド「山野あゆむ」が案内します

その他コース　向田瀬からのコース（西南西

66 羽山 はやま 600m

手軽に登れ、多様な花が咲き乱れる和賀三山で一番人気の山。

標高差 398m、歩行距離 3.0km
山頂から北面と南西面に展望あり

[難易度／★★☆☆☆　歩行時間：2時間、登り：1時間10分、下り：50分]

平和街道から眺める羽山

登山口

祠がある山頂

羽山、羽黒山、月山は和賀三山と呼ばれ、信仰をあつめ自然も保たれている。春の花と〔秋〕の紅葉がベストで、羽黒山への縦走、540m付近で分岐する羽口沢中央コースでの周回な〔ど〕のルートがとれる。水澤鉱山展示室がある岩沢駅やミズバショウ群生地にも寄りたい。

コース　登山口〜羽山　往復

1月	2月	3月	4月	5月	6月	7月	8月	9月	10月	11月	12月
積雪期				登山適期						積雪期	

岩沢駅前から登山口までの道順は分かり難い。高速道を超えて少しで水道橋と赤い鳥居〔と〕駐車スペースがある。橋をくぐるとすぐに登山道の入口。急登わずかで尾根に出た後は〔二〕つの展望所があるが、この山の真価は駐車場から頂上まで咲き乱れる春の花にある。

シラネアオイ、カタクリ、イワウチワ、オダマキ、〔エ〕ンレイソウなど次々に現れる花に見とれていると〔急〕登も忘れ頂上の祠に着く。広々した頂上は、南西〔や〕北東の展望が良い。羽口沢中央コースを利用する〔場〕合は登山口の案内板でコースを確認すると良い。

参考タイム／登山口→【1:10】羽山→【0:50】登山口

アクセス

マイカー／秋田自動車道北上西ICから国道107号に出て西和賀方面に向かい、岩沢駅方面の看板を左折し、岩沢駅手前で羽山登山口の案内板に従って左折、ミズバショウ群生地を経て高速への突き当りを左折、その先の分岐を右折し高速を越える。羽黒山縦走では岩沢駅に駐車。

問合わせ／北上市観光協会 ☎0197-65-0300
入浴施設／マース北上 ☎0197-64-7400

登山口 202m

100名山ガイド「山野あゆむ」が案内します！

尾根に出るとコシアブラがあるよ

登山口からの登山道には多くの花が咲いているよ

展望地

展望地では石羽根ダムや岩手山が見えるよ

中央コース分岐

羽山 600m

300m　国土地理院地形図

山懐にブナ林を抱き、豪雪を耐え抜く山。

67 真昼岳 まひるだけ **1,059m**

| 標高差 641m、歩行距離 9.2km |
| 山頂から360度の展望、三等三角点 |
| 東北百名山、日本の山1000 |
| 山岳標高1003山 |

[難易度 ★★★☆☆　歩行時間：4時間15分、登り：2時間40分、下り：1時間35分]

兎平分岐付近から眺める真昼岳

　岩手県西和賀町と秋田県美郷町の境に位置する真昼岳には、岩手県側からは兎平登山口と峰越登山口の2コースあるが、筆者が訪ねた時は峰越登山口への林道は閉鎖されていた。

　日本海からの季節風で降雪量が多く、その気象条件がもたらすのか四方に深く谷を落とし、山容は急峻で美しい。山麓には見事なブナ林を抱え、兎平分岐を越えて緩やかな尾根に入ると高山植物も多数見られる。

登山口

登山道から眺める飛竜ノ滝

兎平分岐から眺める真昼

アクセス	マイカー／県道1号沿いの前郷地区から西へ真昼温泉を示す道路標識に従って進み、民家と並んで左側に出てくる真昼温泉から5km程で、凹凸の少ない砂利道に変わる。ただし、林道は天候等々で変わりやすく、できれば4WD車を使いたい。その林道から4km程走ると兎平登山口に着く。駐車場のスペースは10数台置けるが、トイレは無い。 問合わせ／西和賀町湯田庁舎 ☎0197-82-2111、西和賀観光協会 ☎0197-81-1135 入浴施設／真昼温泉 ☎0197-85-2420　詳しくはHPを見てください。

　兎平コースへは本内川へ下る林道を進み、吊橋を渡る。右の林の間を進むと、ほどなく小沢を渡り直ぐ急登になる。右下には飛竜ノ滝を見る事が出来る。急登を一汗かくと平坦地に出て、見事なブナ林を見る事が出来る。２本の大きなブナの木に導かれるように林の斜面を登ると木々の変化を感じる。ツツジ、カエデ、ナナカマドなど広葉樹が目立つ。周囲がクマザサに変わる頃、右に展望の良い兎平の入口が出てくる。

　兎平分岐から南へ続く稜線を辿ると女神山、北に続く稜線は真昼岳に続くが、真昼岳のピークは隠れて見えない。左右に高山植物を観ながら登山道を進むと急登になり、滑落防止の為のロープが数カ所かかっている。スリップに注意して前衛峰を登ると見晴らしの良い笹原となり、そこからは山頂と避難小屋にも使われている真昼岳奥宮の社宮までは直ぐだ。眺望は全方位に広がり鳥海山や和賀岳など陸奥の山々が楽しめる。下山は往路を戻る。

参考タイム／兎平登山口→【0:15】飛竜ノ滝→【1:00】兎平→【0:15】兎平分岐→【1:10】真昼岳→
【0:55】兎平分岐→【0:30】飛竜ノ滝→【0:10】兎平登山口

標高600m付近にあるブナの大木

山頂に建つ三輪神社社殿

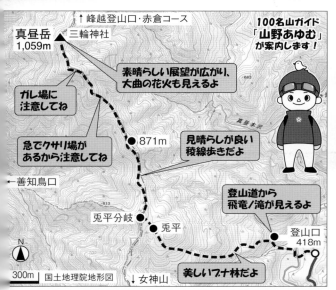

↑峰越登山口・赤倉コース

真昼岳
1,059m
三輪神社

100名山ガイド
「山野あゆむ」
が案内します！

素晴らしい展望が広がり、
大曲の花火も見えるよ

ガレ場に
注意してね

871m

急でクサリ場が
あるから注意してね

見晴らしが良い
稜線歩きだよ

←善知鳥口

登山道から
飛竜ノ滝が見えるよ

兎平分岐　　兎平

登山口
418m

N

300m　国土地理院地形図　　↓女神山

美しいブナ林だよ

1月	2月	3月	4月	5月	6月
積雪期				適期	

7月	8月	9月	10月	11月	12月
登山適期				積雪期	

主な高山植物

ヤマルリトラノオ

・タカネナデシコ
・ヨツバヒヨドリ
・イワオトギ　など

その他コース
・峰越登山口（北側）
・女神山へ縦走（南側）
・赤倉コース（北西側）
・善知鳥口（西南西側）

焼石岳の賑わいをよそに、静かにたたずむ美しき山。

◆68 南本内岳 みなみほんないだけ 1,492m

標高差 562m
歩行距離 14.5km
山頂から360度の展望

[難易度／★★★★☆　歩行時間：5時間40分、登り：3時間10分、下り：2時間30分]

焼石岳から眺める南本内岳

　栗駒国定公園内、焼石岳から北に派生した稜線上にあり、山頂からは全方位に眺望が良好である。自然豊かでブナ林が豊富、中腹にある湿原や緩やかな山頂付近には多くの高山植物が咲き誇る。主峰焼石岳と比べて訪れる登山者が少なく、静かな山中が魅力の一つでもある。

　南本内岳には三方向からの登り口があるが、北側の南本内岳登山口からのコースは林道が通行止めで復旧の目途が立たないことから、ここでは西側にある秋田県東成瀬村三合目登山口から案内することとする。

三合目登山口

五合目の先の徒渉点

八合目から眺める焼石岳

アクセス	マイカー／国道397号の県境にある大森山トンネルを抜け、2km程で「焼石岳登山道入口」の大きな看板がある。そこを右折し未舗装の横林道に入ると、直ぐに登山者用のトイレがある。3km程で三合目登山口に着く。駐車スペースは10台程である。 問合わせ／西和賀町観光商工課 ☎0197-82-3290、東成瀬村企画課 ☎0182-47-3402

コース 三合目登山口〜五合目〜八合目〜九合目焼石岳分岐〜南本内岳 往復

　三合目登山口から15分で「すずこやの森登山口」からのルートと合流。ブナの原生林を縫うように進み、四合目（大森沢）を経て分岐に到着。巻き道ではなく、釈迦懺悔を登ると五合目となり、視界が開け先を見渡すことができる。沢まで下り2回の徒渉で六合目（与治兵衛）。ここから左岸を進むと七合目（柳瀞）。3回目の徒渉後、登ると傾斜がゆるみ展望が開け長命水に着く。

　間もなく焼石沼がある八合目。お花畑の湿地帯を過ぎて30分ほどの登りで焼石神社があり、十字路になっている九合目。ここから20分ほどで南本内岳山頂1,492mに着く。

　平らで標識もなく判然としない山頂であるが、北に5分ほど行くと山頂標識がある1,486mピークに至り、展望を楽しむことができる。帰りは往路を下る。

参考タイム／三合目登山口→【2:30】八合目→【1:00】南本内岳→【2:30】三合目登山口

月	2月	3月	4月	5月	6月	7月	8月	9月	10月	11月	12月
	積雪期		登山適期						積雪期		

山頂から眺める焼石岳

1,486m地点と岩手山

山頂から眺める三界山と鳥海山

100名山ガイド「山野あゆむ」が案内します！

この付近にはお花がいっぱい咲いているよ

県内の山々が一望で遠くに望む鳥海山が美しいよ

三界山 ▲ 1,381m

胆沢川

長命水

南本内岳 ▲ 1,492m

大森山 1,149m

六合目 与治兵衛

七合目 柳瀞

八合目 1,246m

九合目 1,431m 焼石岳分岐

すずこやの森分岐点

焼石沼

焼石岳 1,547m ▲

三合目登山口 930m

五合目 釈迦懺悔 1,066m

時間があったら焼石沼に行ってみて、お花畑だよ

大きな岩陰にひっそりと焼石神社を祀っているよ

300m 国土地理院地形図

その他コース 南本内沢〜（北側）、中沼〜焼石岳経由（南側）、経塚山〜焼石岳を経て縦走（東側）

日中はツツジの絨毯に酔いしれ、夜は満点の星空に乾杯。

◆69 室根山 むろねさん 895m

標高差512m、歩行距離4.1km
山頂から360度の展望、一等三角点
日本の山1000、山岳標高1003山

[難易度／★★★☆☆　歩行時間：2時間40分、登り：1時間30分、下り：1時間10分]

まきばの湯近辺から眺める室根山

　気仙沼から一関方面へ向かうと、右手にはっきりと山容が見渡せる独立峰。多くのハイカーや観光客、そして近隣の人々の散策の場として親しまれている。昔は三陸沖で漁を行う漁民たちの航路の目印になっていたという。

　春は赤い絨毯のようにツツジが一斉に咲き乱れる。また、頂上付近には室根山きらら天文台があり天体観測もできる。途中の室根神社本宮では、金の鈴を鳴らして願をかけ、さらに新宮で銀の鈴を鳴らして願をかけると、願が叶うといわれている。

蟻塚公園登山口

室根神社

きらら天文台

アクセス	マイカー／気仙沼から国道284号を西へ。県道263号に入り3km程進むと室根山標識。ここを右折し2km進むと室根山頂標識。ここを左折し、1.4kmで十字路があり室根山7.7kmの標識。約1kmで蟻塚公園。50台程駐車可能。トイレあり。 問合わせ／一関市役所室根支所 ☎0191-64-2111 入浴施設／まきばの湯 ☎0191-72-3125

「室根神社参道入口」から幅広い参道を登る。まっすぐに伸びた参道は、急坂がずっと先まで見通せ精神的につらい。途中車道を2回横切る。姫滝入口を過ぎると、ようやく登山道らしくなる。やがて室根神社に着くが、しっかり鈴を鳴らして願をかけよう。本殿右の階段を登り、さらにもう1回車道を横切り、なだらかな斜面を登ると広々とした室根山山頂だ。独立峰ゆえの360度の展望パノラマを楽しみたいところだ。

一旦天文台に下るが周辺のパラグライダーの離陸場にも是非立ち寄ってみよう。ここでは眼下の景色を堪能できる。

天文台から車道を少し下ると往路に合流するので、そのまま下る。

参考タイム／蟻塚公園→【1:30】室根山→【0:05】きらら室根山天文台→【1:05】蟻塚公園

展望が良い山頂

山頂から東面を望む

1月	2月	3月	4月	5月	6月	7月	8月	9月	10月	11月	12月
積雪期			登山適期							積雪期	

100名山ガイド
「山野あゆむ」
が案内します！

春にはツツジの
群落が広がるよ

▲ 室根山
895m

もう一回
道路を横切るよ

きらら室根山
天文台

室根神社

神社で金と銀の
鈴を鳴らそうね

姫滝入口

姫滝入口まで
幅広い道だけど
少しキツイよ

田植の壇

道路を2回横切るから
車に気をつけてね

蟻塚公園　登山口
383m

300m　国土地理院地形図

N

主な高山植物

ウツボグサ　シンミズヒキ

・カワラナデシコ
・コバキボウシ
・レンゲショウマ
・ジャコウソウ
・ツリガネニンジン
・トリカブト
・フシグロセンソウ
など

ハクサンシャジン

その他コース　飛ヶ森森林公園からのコース

女神が出て来そうな深いブナ林と、名瀑の数々に魅了される山。

⑦ 女神山 めがみやま
955m

標高差 465m、歩行距離 7.3km
山頂から一部の展望あり
三等三角点、東北百名山

[難易度 ★★★☆☆　歩行時間：2時間50分、登り：1時間20分、下り：1時間30分]

北側の兎平付近から眺める女神山

　岩手県西和賀町と秋田県美郷町の県境にそびえる山で、真昼山地の南部に位置する。昔は1日がかりの登山だったが、現在は林道のおかげで初心者にも登りやすい山である。

　登山コースは深いブナ林の中を行き、眺望は女神山に向かう尾根の途中と山頂付近でや望めるほか、県境コースのブナ林の間から真昼岳を始めとする真昼山地の山々が垣間見える程度で、全体的には乏しさを感じる。ブナ林から流れ出る沢は、白糸の滝を始めとする7つの名瀑と岩手の名水20選に選ばれた女神霊泉など変化に富み、名瀑巡りを楽しめる

登山口

ブナ林が山頂へ続く尾根

ブナ見

| アクセス | マイカー／秋田自動車道湯田ICを出て、県道1号湯本バイパスの湯田トンネルを抜ける。清水ヶ野から県道12号に入り5km程行くと女神山方面へ行く分岐となり、右の林道に入り5km程進むと駐車場。林道は狭くぬかるみや凹凸などの悪路のため、4WD車等の利用が望ましい。駐車場は10台程停められ、仮設トイレも設置されている。 |

問合わせ／西和賀町湯田庁舎 ☎0197-82-2111、西和賀観光協会 ☎0197-81-1135
入浴施設／真昼温泉 ☎0197-85-2420

駐車場から階段状の登山道を下って小沢を渡ると平坦な道になり、10分程で白糸の滝へ下る道がある。この滝の入口を左下に見て更に進むと女神山登り口の分岐だ。

登山道はみごとなブナ林で、急登を経て、展望が良い尾根に着く。なだらかなブナ林を進み、再び急登を進むと県境コース分岐に到着する。この分岐から木々の間を15分程登れば三等三角点がある女神山山頂に到着する。

山頂は樹林に囲まれ東側の焼石連峰のみ望めるが、西側の展望地に回れば真昼岳、和賀岳に加え、眼下には秋田県側の田園風景が広がる。

下りは一旦県境コース分岐に戻り、県境コースを進む。ブナ見平で一息入れ見事なブナを鑑賞しよう。峠から東へと林を下ると沢と出合う岩清水の分岐に着く。この上流部にある降る滝は圧巻の一言だ。下流の女神霊泉から沢に沿って下ると女神山登り口に出合う。

参考タイム／相沢林道登山口→【0:15】女神山登り口→【0:50】県境コース分岐→【0:15】女神山→【0:10】県境コース分岐→【0:40】ブナ見平→【0:30】女神山登り口→【0:10】相沢林道登山口

山頂広場

白糸の滝

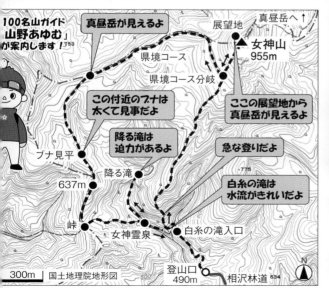

降る滝

1月	2月	3月	4月	5月	6月
積雪期				登山適期	

7月	8月	9月	10月	11月	12月
登山適期					積雪期

その他のコース

■真昼岳へ縦走（北側）

㉑ 物見山
ものみやま
870m

標高差76m、歩行距離795m
山頂から360度の展望、一等三角点
日本の山1000、山岳標高1003山

[難易度／★☆☆☆☆　歩行時間：25分、登り：15分、下り：10分]

星座の森キャンプ場から眺める物見山

　物見山・大森山・立石などを総称して「種山高原」と呼ぶ平原上の山だ。比較的緩やかな地形と冷涼な気候から、藩政時代から馬の放牧地として利用されてきた。

　今でも岩手県立種山牧場には牛、馬が放牧されており、牧歌的な風景を楽しめる。

　種山高原は、宮沢賢治がこよなく愛した「イーハトーブの風景の地」である。賢治は、ここの自然が大変気に入り、何度も訪れ、短歌、童話（「風の又三郎」「さるのこしかけ」「達二の夢」「種山ヶ原」など）、戯曲（「種山ヶ原の夜」）を残している。

旧少年自然の家登山口

モナドノックス

レーダー基地と山

アクセス
マイカー／奥州市から国道397号を東へ、住田町方面へ向かう。峠の種山トンネルを抜けると右側に道の駅種山ヶ原がある。道の駅反対側を左に入るとすぐにT字路があり、星座の森方向に進み、星座の森キャンプ場の上部にある駐車場まで。50台程駐車可能。トイレなし。
問合わせ／奥州市商工観光課 ☎0197-34-1760、住田町総務課 ☎0192-46-2111

コース 旧少年自然の家駐車場～モナドノックス～物見山　往復

星座の森キャンプ場からさらに奥に車で進み、旧少年自然の家駐車場まで車を利用する。
斜のない緩い登山道を、牧歌的な景色を楽しみながら山頂へ歩く。途中に巨岩があり、
らにモナドノックスの岩場を過ぎると一等三角点の山頂。
低山だが山頂からは奥羽山脈・須川連峰の峰々が展望でき、360度の眺望を得ることがで
る。山頂には大きなレーダー基地が建っている。
往路をそのまま下るが、あまりの心地よさに途中の東屋で昼寝をしたくなる。
今回筆者は、東京からの遠征で時間的な制約があり、山頂付近まで伸びている車道を利
した。時間が許せば、周辺の散策を含めて、ゆっくりと過ごしたい山だ。

考タイム／旧少年の家駐車場→【0:15】物見山→【0:10】旧少年の家駐車場

山 頂

星座の森方面を望む

月	2月	3月	4月	5月	6月	7月	8月	9月	10月	11月	12月
積雪期			登 山 適 期							積雪期	

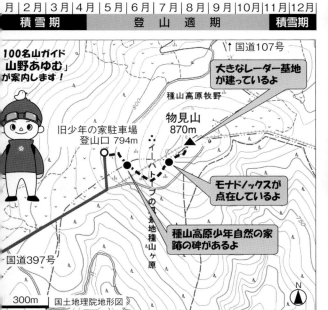

100名山ガイド
「山野あゆむ」
が案内します！

↑国道107号

大きなレーダー基地
が建っているよ

種山高原牧野

物見山
870m

旧少年の家駐車場
登山口 794m

モナドノックスが
点在しているよ

種山高原少年自然の家
跡の碑があるよ

国道397号

300m　国土地理院地形図

N

主な高山植物

ミソハギ

ウメバチソウ

・アズマギク
・クリンソウ
・シロバナエンレイソウ
・タチツボスミレ
・ニリンソウ
・ホソバノアマナ
・レンゲツツジ　など

139

苔むした岩と静かな樹林を通って登る早池峰山展望の山。

⑦72 薬師岳 早池峰 やくしだけ 1,645m

標高差395m、歩行距離3.0km
山頂から360度の展望
三等三角点、東北百名山
日本の山1000、山岳標高1003山

[難易度 ★★★☆☆　歩行時間：2時間50分、登り：1時間45分、下り：1時間05分]

早池峰剣ヶ峰から眺める薬師〔

県道25号線を挟んで、早池峰山のすぐ南に位置する静かな山である。

早池峰山と並んで花の山としても知られているが、ヒカリゴケが見られる山としても〔
名だ。花崗岩に生えるイワヒゲも魅力的である。

全方位展望の山であるが、目前に広がる早池峰連山の展望は特に素晴らしい。

登山コースは、北側の小田越コースと南側の馬留コースがあるが、早池峰山と併せて〔
られることもあり、小田越コースを利用する登山者が多い。

登山道は良く整備されていて、そのほとんどは苔むした岩と樹林で構成されている。

登山シーズンは、6月〜10月。紅葉の時期がお勧めだ。

小田越登山口

肩の岩峰

肩から望む山

アクセス　マイカー／早池峰山の項 (30P) を参照。
問合わせ／花巻市役所大迫総合支所 ☎0198-48-2111、遠野市役所 ☎0198-62-2111

小田越からの登山道は良く整備されている。1,450mを過ぎてハシゴを登り岩の上に立て

早池峰連山が一望できる。登山道はほとんど苔むした岩と樹林に終始するのだが、それ

りに変化があり飽きない。1,550mを過ぎると低木帯となり視界が開ける。露岩の道を行

ばやがてハイマツが目立つようになり、標識のある前衛峰に着く。頂上がすぐ東に見える。

ここから頂上を眺めながらハイマツの道を進む。灌木帯を通り大岩を左に過ごし、次の

きな岩を右から巻けば、まもなく全方位展望の頂上だ。早池峰山〜剣ヶ峰が目前に迫る。

の左に岩手山と秋田駒ヶ岳、西に遠く鳥海山まで遠望できる。

考タイム／小田越登山口→【1:00】前衛峰→【0:45】薬師岳→【1:05】小田越登山口

山頂の後方に早池峰山

三角点と岩手山

山頂から望む早池峰山

1月	2月	3月	4月	5月	6月
積雪期				適期	

7月	8月	9月	10月	11月	12月
登山適期			積雪期		

主な高山植物

ミヤマシオガマ

・アオノツガザクラ
・イソツツジ
・コケモモ
・ハクサンシャクナゲ
・ミツバオウレン
・ミヤマシオガマ　など

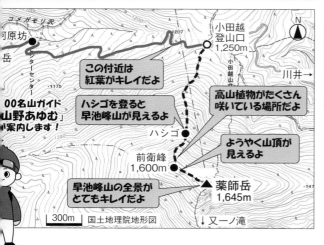

コメガモリ沢

河原坊

岳

ターセンター

小田越
登山口
1,250m

川井→

N

この付近は
紅葉がキレイだよ

高山植物がたくさん
咲いている場所だよ

00名山ガイド
山野あゆむ」
案内します！

ハシゴを登ると
早池峰山が見えるよ

ハシゴ

ようやく山頂が
見えるよ

前衛峰
1,600m

早池峰山の全景が
とてもキレイだよ

▲ 薬師岳
1,645m

300m　国土地理院地形図

↓又一ノ滝

その他のコース

■又一ノ滝コース（南南東側）
■小田越山荘から（北北東側）

㉓ 薬師岳 和賀 やくしだけ 1,218m

標高差 848m	
歩行距離 8.5km	
山頂から360度の展望	

[難易度 ★★★☆☆　歩行時間：4時間45分、登り：2時間35分、下り：2時間10分]

薬師岳分岐の手前から眺める薬師岳

　険しくも美しい真木渓谷（秋田県）を鑑賞しながら登山口まで車でアプローチし、容易に和賀山塊主稜線に達することができる。花は薬師平のニッコウキスゲの時期がベストだが、植生の多様さで知られるだけに花や木の種類も多く、新緑から紅葉シーズンまで登山者を楽しませてくれる。真木渓谷も訪ねる価値があり、快適な小屋もある。

　和賀岳まで足を延ばしても往復2時間少々、中級者以上なら甲山さらに風鞍まで周回も可能だが、状況判断は的確に。秘境と言われた和賀山塊のなかでも最も人が入るエリアであり、和賀山塊の最初の一歩はこの薬師岳から始めたい。

甘露水口登山口

登山道のブナ林

薬師岳分岐と薬師岳(左

アクセス	マイカー／国道46号から仙北市上清水で県道50号に入り、みずほの里ロードを進み、斉内川を渡ったら県道259号に左折し、真木渓谷を目指す。七瀬沢林道の分岐を過ぎ、真木林道の最奥の小屋に駐車スペースがある。 問合わせ／大仙市役所太田支所 ☎0187-88-1111 入浴施設／川口温泉奥羽山荘 ☎0187-88-1717

コース 駐車場〜甘露水登山口〜滝倉〜倉方〜薬師岳分岐〜薬師岳　往復

小屋からわずかの林道歩きで甘露水登山口がある。ブナ台を経て滝倉まではブナの森で気持ちよく高度があがるが、湿度の高い時期はペースに気をつけよう。

滝倉で水場となる沢を渡る。倉方で尾根に出ると花が迎えてくれる。甲山や風鞍、そして谷を見ながら歩いていると、下から見えていた岩場は危険箇所もなく過ぎている。

甲山への分岐で主稜線に達すると、少しの登りで笹に埋もれているが山名の由来となる薬師堂がある。頂上は縦走路を少し上がったところになり、和賀岳へ続く主稜線の展望が素晴らしい。ニッコウキスゲの時期であれば、500m先の薬師平までぜひ足を延ばそう。

考タイム／駐車場→【0:10】登山口→【0:55】滝倉→【1:30】薬師岳→【1:15】滝倉→【0:55】駐車場

薬師如来を祀る山頂

白岩岳と錫杖の森

和賀岳↑
薬師岳
1,218m
薬師岳分岐

少し先の薬師平は
素晴らしいお花畑だよ

風鞍→

この辺から
お花が多くなるよ

倉方

気持ちの良い
ブナの森の登りだよ

△877-

00名山ガイド
「山野あゆむ」
が案内します！

滝倉
水場

ここから先には
水場はないよ

キレイで素晴らしい
小屋からスタート

ブナ台

甘露水登山口
水場

駐車場
370m

300m　国土地理院地形図

1月	2月	3月	4月	5月	6月
積雪期					適期

7月	8月	9月	10月	11月	12月
登山適期				積雪期	

トウゲブキ

主な高山植物

・イブキトラノオ
・ニッコウキスゲ
・ハクサンシャジン
・ヨツバヒヨドリ　など

その他のコース

■風鞍〜甲山→（南側）
■白岩岳〜錫杖の森→（北西側）
■高下岳〜和賀岳→（北東側）

湖沼にブナ林、残雪とお花畑、山頂は大パノラマ、贅沢な山だ。

(74) 焼石岳 やけいしだけ 1,547m

標高差826m、歩行距離14.6km
山頂から360度の展望、一等三角点
日本二百名山、東北百名山
日本の山1000、山岳標高1003山

[難易度 ★★★★☆　歩行時間：7時間10分、登り：3時間45分、下り：3時間25分]

泉水沼から眺める焼石岳

　焼石岳は、雪渓、湖沼、高山植物、ブナなど自然の魅力あふれる山である。焼石連峰の主峰で栗駒国定公園に指定されている火山だが、現在はこれといった活動はない。

　山頂周辺に焼け焦げた石がみられることが、この山名の由来とされている。一等三角点からの展望は360度の大パノラマだ。山麓のブナ林、湖沼に湿原池塘と夏でも残雪が多く残り、雪解けから秋にかけ高山植物が後から後から芽を出してくる。その数300種以上、まさに花の名山だ。

中沼登山口

中沼

銀明

アクセス	マイカー／国道397号に架かる尿前渓谷橋を渡り、すぐ右に曲がり尿前林道へ入る。中沼登山口まではかなりの悪路なので4WD車を勧めたい。駐車場は40台程。トイレあり。 問合わせ／焼石観光開発連絡協議会事務局　☎0197-46-2111 入浴施設／焼石岳温泉　焼石クアパーク ひめかゆ　☎0197-49-2006

中沼登山口から姥石平を基点に、焼石岳〜東焼石岳を時計回りの周回コースを歩く。登山口から小沢にかかる木道を進み、カラマツ林からブナ林の急な階段を登ると中沼に着く。湖面に映る横岳が素晴らしい。湖岸の湿原には花々が咲き、木道を辿ると上沼に着く。さらに足場の悪い沢道にかかる木道を進み、つぶ沼分岐を過ぎるとベンチが目に入る。銀明水だ、ここには避難小屋がある。銀明水上部の登山道は急なうえに、遅くまで雪が残っていてぬかるんでいるが、高原のお花畑まではもう一息だ。横岳の綺麗な曲線が迫ると焼石岳との分岐、姥石平に着く。ここは東北屈指のお花畑だ。泉水沼の右側を進み横岳の鞍部から急坂を登れば山頂に着く。しばし大パノラマを堪能し、北へ足場の悪い露岩を下り、南本内岳の分岐と別れ右手に進むと再びお花畑の山道となる。東焼石岳を登る登山者は少なく静かな山頂だ。お花畑の中を姥石平との分岐へ戻り往路を下る。

参考タイム／中沼登山口→【0:45】中沼→【1:30】銀明水→【1:05】姥石平分岐→【0:25】焼石岳→【0:25】焼石神社→【0:35】東焼石岳→【1:10】銀明水→【0:45】中沼→【0:30】中沼登山口

タチギボウシと焼石岳

焼石岳山頂

月	2月	3月	4月	5月	6月	7月	8月	9月	10月	11月	12月

積雪期　　　　　　　　　登山適期　　　　　　積雪期

主な高山植物

タチギボウシ

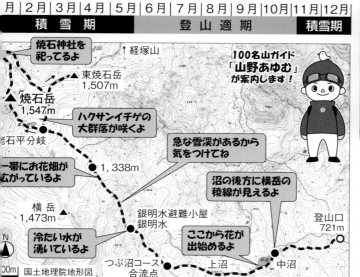

焼石神社を祀ってるよ

↑経塚山

▲ 東焼石岳 1,507m

▲ 焼石岳 1,547m

ハクサンイチゲの大群落が咲くよ

焼石平分岐

100名山ガイド「山野あゆむ」が案内します！

急な雪渓があるから気をつけてね

一帯にお花畑が広がっているよ

● 1,338m

沼の後方に横岳の稜線が見えるよ

▲ 横岳 1,473m

銀明水避難小屋 銀明水

登山口 721m

冷たい水が湧いているよ

ここから花が咲き始めるよ

つぶ沼コース合流点

上沼

中沼

N

00m｜ 国土地理院地形図

・ ハクサンイチゲ
・ ミヤマシオガマ
・ ユキワリコザクラ
・ ヒナザクラ
・ ムシトリスミレ
・ リュウキンカ
・ ムラサキヤシオツツジ
・ ミズバショウ
・ シラネアオイ
・ オノエラン　など

その他コース すずこやの森（西側）、南本内川林道（北側）、つぶ沼コース（南西側）、経塚山縦走（北東側）

360度の大パノラマで、ツツジが咲く季節に登ってみたい山だ。

⑦⑤ 矢越山 やごしやま 519m

標高差297m、歩行距離2.2km
山頂から360度の展望
二等三角点

難易度／★★☆☆☆　歩行時間：1時間35分、登り：55分、下り：40分

本吉室根線柄杓田から眺める矢越山

登山道入口

羽山神社が建つ山頂

　室根町にそびえる山で、低山だが眺望が素晴らしく、一年を通し様々な顔を覗かしてくれる。5月下旬ツツジ満開の季節で、登山道中腹から山頂まで一斉に花が咲き、真っ赤な絨毯を敷き詰めたような山並みとなり、山頂もツツジで覆われる。

　6月は気仙沼湾が近いことから海の環境を整える為の植樹祭が行われ、全国から人々が集う。また頂上に建つ薬師堂は、疫病を鎮めるために薬師様を祀ったものである。

コース　参道登山口〜矢越山　往復

1月	2月	3月	4月	5月	6月	7月	8月	9月	10月	11月	12月
積雪期				登	山	適	期				積

　参道登山口から20分程登ると林道が横断、路肩に数台駐車可能なスペースがある。さらに5分程登るとまた林道が横断する。左手に駐車場がある。登山道を数分登ると矢越神社だ。

　その先は雨宿りできる岩屋「八人ばらし」分岐となり、鎖をつたい急登を登ると山頂だ。北に室根山、南には大森山が見える。

参考タイム／登山口→【0:35】矢越神社→【0:20】
　矢越山→【0:40】登山口

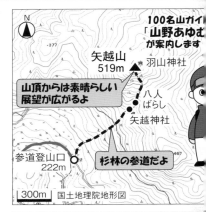

100名山ガイド「山野あゆむ」が案内します

矢越山 519m　羽山神社
山頂からは素晴らしい展望が広がるよ
八人ばらし
矢越神社
参道登山口 222m
杉林の参道だよ
300m 国土地理院地形図

アクセス	マイカー／県道18号本吉室根線を南下。柄杓田を左折して行くと矢越山の登山案内がある登山口に着く。18号の1本手前を左折して行くと、上の登山口まで車で入ることも可能。 問合わせ／一関市室根支所☎0191-64-2111 入浴施設／畑の沢鉱泉たまご湯…千厩町小梨字小林

その他のコース

■ひこばえの森コース（北西側）
　矢越郵便局前〜ひこばえの森→矢越山

76 六角牛山 ろっこうしさん 1,293m

標高差610m、歩行距離4.0km
山頂から360度の展望、二等三角点
東北百名山、日本の山1000
山岳標高1003山

［難易度／★★★☆☆　歩行時間：2時間30分、登り：1時間35分、下り：55分］

登山口から眺める六角牛山

峠登山口

遠野盆地が望める山頂

　民話の故郷、遠野盆地の東に位置する六角牛山は遠野三山に数えられ、柳田国男の遠野物語にも登場する。六角牛の山名の由来は、昔6人の皇族が住んだという六皇大人「ろっこうし」と言う説もあるが、諸説ある。

　ここで紹介する峠登山口からのコースは、序盤は緩やかな登り、中盤は急登、再び上部は緩やかになる変化のあるコースだ。山頂からの眺望は素晴らしく、東北の盟主岩手山をはじめ早池峰山、五葉山と全方位の展望だ。

コース　登山口〜四合目〜六角牛山 往復

1月	2月	3月	4月	5月	6月	7月	8月	9月	10月	11月	12月
積雪期			登山適期							積雪期	

　初めは林の中の緩やかな登りが続き、少し傾斜が出た所に大石が出てくる。四合目の休石だ。そこから傾斜がきつくなり、熊笹が無くなると六合目に着く。その先、露岩帯を足元に気をつけて進むと八合目に出る。

　九合目からは傾斜は緩くなり、再び熊笹と林の中を進むと視界が開け山頂に着く。眺望は全方位、足元には遠野盆地が広がる。下山は往路を下る。

参考タイム／
峠登山口→【0:35】四合目・休石
→【1:00】六角牛山→【0:35】
四合目・休石→【0:20】登山口

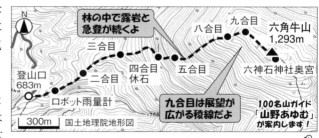

林の中で露岩と急登が続くよ

三合目　八合目　九合目　六角牛山 1,293m

二合目　四合目 休石　五合目　六神石神社奥宮

登山口 683m

ロボット雨量計

九合目は展望が広がる稜線だよ

100名山ガイド「山野あゆむ」が案内します！

300m　国土地理院地形図

アクセス

マイカー／遠野市街より県道35号を大槌方面へ。糠ノ前バス停を右折して六角牛神社から林道3km程で登山口。駐車場は10台程停められるがトイレは無い。
問合わせ／遠野市役所 ☎0198-62-2111
入浴施設／たかむろ水光園 ☎0198-62-2839

ゆたかな自然ステキな景色、まるごとぜ～んぶ和賀岳に感激。

77 **和賀岳** わがだけ 1,439m

標高差919m、歩行距離12.6km
山頂から360度の展望
一等三角点、花の百名山、日本二百名山
日本の山1000、山岳標高1003山

[難易度 ★★★★☆　歩行時間：7時間、登り：3時間40分、下り：3時間20分]

向かいの高下岳から眺める和賀岳

　今回紹介する高下コースは、昭和の時代に和賀山塊・和賀川源流部自然環境保全地域に指定された山域である。コース上はナラ林や低木型のブナ林、ハイマツの群生や高山植物など、様々な植物が登山者を楽しませてくれる。また絶滅危惧種に指定されたノレンコウモリやイイズナ、オコジョなど貴重な動物も生息している。

　登山時の注意点だが、事前に高下林道通行規制情報を収集することをおススメする。2023年7月中旬の局地的大雨後、7月下旬に調査に行ったが、県道1号から高下林道に入った約7.6km間に数カ所崩壊があり、林道入口に通行止めの看板があった。ぜひ西和賀町役場観光商工課に林道状況を確認してから登ってほしい。

登山口

和賀川徒渉点

コケ平

アクセス
マイカー／秋田自動車道湯田ICから県道1号（盛岡横手線）に入り、雫石方面へ約20kmで和賀岳・高下岳登山道入口の標識がある。標識を左折し高下林道に入り登山口までは約7.6km、登山口には約10台の駐車スペースがある。
問合わせ／西和賀町役場観光商工課 ☎0197-82-3290
入浴施設／沢内バーデン ☎0197-85-2601

コース　登山口〜赤沢分岐〜高下分岐〜和賀川徒渉点〜コケ平〜和賀岳　往復

　登山口から赤沢分岐までは、標高差約210mの急な登りだ。赤沢分岐から高下分岐までは
なだらかな登りとなり、高下分岐を過ぎると和賀川支流まで一気に下り徒渉となる。調査
時は膝下の水位であったが、水量には充分注意を払いたい。

　徒渉後はこけ平を目指し森林を歩く。やがて森林限界を超え、灌木から笹原となり視界
が開けこけ平に到着する。調査時はガスで視界はなかったが、高山植物に覆われた稜線が
頂上まで続いている。ここから山頂まではあと少し、足元が見づらいので慎重に山頂へと
歩を進めよう。

　自然環境保全地域の看板を過ぎ、祠が見えたら山頂到着。下山は往路を慎重に下る。

参考タイム／登山口→【1:00】高下分岐→【0:35】和賀川徒渉点→【1:35】コケ平→【0:30】山頂→【3:20】登山口

コケ平付近から眺める山頂

お花に囲まれる山頂

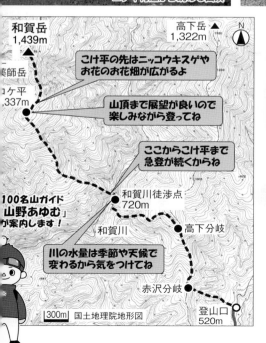

和賀岳
1,439m

高下岳▲
1,322m

N

薬師岳

こけ平の先はニッコウキスゲや
お花のお花畑が広がるよ

コケ平
1,337m

山頂まで展望が良いので
楽しみながら登ってね

ここからこけ平まで
急登が続くからね

100名山ガイド
「山野あゆむ」
が案内します！

和賀川徒渉点
720m

和賀川

高下分岐

川の水量は季節や天候で
変わるから気をつけてね

赤沢分岐

登山口
520m

300m　国土地理院地形図

山頂手前のお花畑

1月	2月	3月	4月	5月	6月	7月	8月	9月	10月	11月	12月
積雪期				登山適期						積雪期	

コース上に咲く花

ウメバチソウ
クルマユリ
タチギボウシ
トウゲブキ
ニッコウキスゲ
ハクサンイチゲ など

タチギボウシ

その他コース　甘露水〜薬師岳→（南西側）

149

ブナの巨木と対話しながら、誰もいない静かな山旅を満喫する。

⟨78⟩ 鷲ヶ森山 わしがもりやま **1,207m**

標高差642m、歩行距離7.4km
山頂から360度の展望
三等三角点

[難易度／★★★★☆　歩行時間：5時間、登り：2時間55分、下り：2時間05分]

白っこ森から眺める鷲ヶ森山

何もない登山口

牛形山方面を望む

　鷲ヶ森山は夏油温泉をぐるりと取り囲む峰々のひとつである。牛形山、経塚山、駒ヶ岳が夏油三山として有名であるのに対し、この山は少し北に位置するだけで不遇をかこっている。しかし、標高も負けず劣らず1,200mはあるし、展望はすこぶる良い。入山口の夏油温泉は、江戸時代、全国温泉番付で東の大関(現在でいう横綱)と賞賛された名湯である。

コース 駐車場〜丸子峠〜鷲ヶ森山 往復

1月	2月	3月	4月	5月	6月	7月	8月	9月	10月	11月	12月
積雪期					登山適期					積雪期	

　夏油温泉公共駐車場から歩いて登山口へ行くが標識はない。すぐに徒渉した後、ブナやナラの巨木の中の緩い傾斜を登る。ナタメの跡が至る所に見られる。一旦平坦になり、ちょっとした急な登りをこなすと丸子峠。道標は朽ちている。ここを左に進み、一旦938mコルに下り稜線沿いに進む。急な登山道を経塚山を左に見ながらロープに助けられて登ると山頂。山頂は牛形山への縦走路から20mほど西に離れている。展望が良く、牛形山、天竺山、経塚山、駒ヶ岳をぐるりと一望できる。

　下山は往路を下る。

参考タイム／公共駐車場→【0:15】登山口→【1:20】
　丸子峠→【1:20】鷲ヶ森山→【2:05】公共駐車場

アクセス	マイカー／東北自動車道の北上江釣子ICから国道107号を西へ進む。すぐに夏油温泉の標識が出てくるので、それに導かれて進む。夏油温泉の駐車場には20台程駐車可能。トイレあり。
	問合わせ／北上市役所 ☎0197-64-2111
	入浴施設／夏油温泉元湯夏油 ☎090-5834-5151

100名山ガイド「山野あゆむ」が案内します！

最後の急坂はロープを頼ろうね

峠を過ぎると急な下りだよ

大きなブナの森だよ

夏油高原スキー場↑
丸子峠 938m
水場
鷲ヶ森山 1,207m
←牛形山
登山口
駐車場 565m
夏油温泉

ウシロヤマ

N
300m 国土地理院地形図

その他コース　・牛形山から縦走(南南西側)　・夏油高原温泉スキー場〜(北東側)　・桧之沢〜(北側)

沿岸エリア 23山

大船渡市、釜石市、宮古市、陸前高田市
岩泉町、大槌町、山田町
田野畑村、野田村、普代村

❸ 早池峰山 P30
㊆ 青松葉山 P152
㊀ 安家森 P153
㊁ 穴目ヶ岳 P154
㊂ 今出山 P156
㊃ 卯子酉山 P157
㊄ 宇霊羅山 P158
㊅ 男和佐羅比山 P160
㊆ 害鷹森 P161
㊇ 片羽山雄岳 P162
㊈ 月 山 P163
㊉ 兜明神岳・岩神山 P164
㊀ 霞露ヶ岳 P166
㊁ 鯨 山 P168
㊂ 五葉山 P170
㊃ 堺ノ神岳 P172
㊄ 十二神山 P174
㊅ 白見山 P175
㊆ 峠ノ神山 P176
㊇ 夏虫山 P177
㊈ 早池峰剣ヶ峰 P178
㊈ 氷上山 P180
㊉ 三巣子岳 P181

アオモリトドマツが自生する「木の博物館」を満喫する。

79 青松葉山 あおまつばやま 1,365 m

標高差497m、歩行距離4.7km
山頂からの展望なし、二等三角点
日本の山1000、山岳標高1003山

[難易度／★★★☆☆　歩行時間：2時間20分、登り：1時間20分、下り：1時間]

川内牧場から眺める青松葉山

板小屋沢登山口

アオモリトドマツに覆われた山頂

　青松葉山は、以前は残雪期限定の山であったが、近年宮古市川内地区から登山路が開かれた。登山道はしっかりと整備され、山頂付近はアオモリトドマツが群生し「木の博物館」と銘打つだけあり、幹に樹木名が取り付けられ、木々の名を覚えながら楽しんで登ることができる。

　コース中はあまり展望はないが途中、樹林の合間から早池峰山を望むことができる。

コース 板小屋沢登山口～青松葉山 往復

1月	2月	3月	4月	5月	6月	7月	8月	9月	10月	11月	12
積雪期				登 山 適 期						積雪期	

　林道横の「木の博物館」の看板から登り出すが、登山道はとてもよく整備されていて歩きやすい。

　しばらくは沢沿いを進む、徒渉し沢を離れブナ林を登ると尾根に出る。

　全体的に緩やかな登りで、のんびりと木々を楽しみながら進んでいこう。

　やがてアオモリトドマツに変わると、山頂はすぐそこだ。山頂からの展望は林に覆われ楽しめない。

参考タイム／登山口→【0:20】水場→【0:40】標高1,300m地点→【0:20】青松葉山→【1:00】登山口

<table>
<tr><td>アクセス</td><td>マイカー／東北自動車道盛岡ICから106号を西に進み、小滝トンネル手前を左折。達曽部沢線を約9km進むと右に「木の博物館」の看板が登山口。
駐車は数台可能。トイレなし。
問合わせ／宮古市役所 ☎0193-62-2111</td></tr>
</table>

青松葉山
1,365m

100名山ガイド
「山野あゆむ」
が案内します！

1,300m

樹林帯の合間から
早池峰山が見えるよ

沢を渡ると
水場があるよ

水場

登山口は木の博物館
の看板が目印だよ

登山口
868m

板小屋

300m 国土地理院地形図

のどかな草原にたたずむ、赤べこに出会う山旅。

⬥80 安家森 あっかもり 1,239m

標高差 80m、歩行距離 2.6km
山頂から360度の展望
一等三角点、東北百名山
日本の山1000、山岳標高1003山

[難易度／★★☆☆☆　歩行時間：1時間5分、登り：35分、下り：30分]

安家平付近からから眺める山頂

安家森・遠別岳登山口

展望がよい山頂

　裾野の野芝がとても美しい安家森は、北上山地の北部岩泉町にある。緩やかな山容の中に赤牛が放牧され、草を食む姿は誰もがいっときの時間を忘れる。この辺りは安家川の源流域で、アイヌ語の清流を意味する『ワッカ』が語源とも言われている。山頂からの展望は、遠く太平洋から早池峰山、岩手山が見える。少し足を進めて遠別岳まで行けば更に充実した山行が楽しめる。登山口は葛巻町との境にあり、駐車場とトイレも整備されている。

コース　登山口～安家平～安家森 往復

1月	2月	3月	4月	5月	6月	7月	8月	9月	10月	11月	12月
積雪期			登山適期							積雪期	

　登山道は安家森登山口の案内板の先をブナ林へと進む。10分程で安家平に出る。放牧用の柵を抜け、野芝の中の踏み跡を進むと傾斜が出てきて2つ目の柵がある。
　ケルンの立つガレ場を登れば一等三角点のある山頂に着く。眺望は良く、岩手山、早池峰山など北上山地の山々を見渡せる。
　下山は往路を戻る。柵は必ず閉めて下山すること。

参考タイム／登山口→【0:35】安家森→【0:30】登山口

マイカー／国道4号から国道281号へ入り、江刈川バス停を右折して袖山高原を目指す。平庭高原手前の森のそば屋さんの前を袖山高原まで上がると、レストハウス袖山の先に『安家森、遠別岳』の案内板が左側に出てくる。その先、右側には駐車場とトイレがある。
問合わせ／岩泉町経済観光交流課　☎0194-22-2111

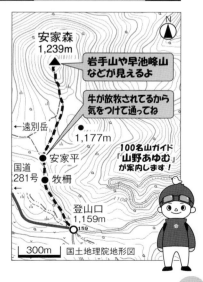

安家森 1,239m

岩手山や早池峰山などが見えるよ

牛が放牧されてるから気をつけて通ってね

遠別岳
1,177m

100名山ガイド「山野あゆむ」が案内します！

国道281号

安家平

牧柵

登山口 1,159m

300m　国土地理院地形図

⑧ 穴目ヶ岳 あなめがたけ 1,168m

標高差520m、歩行距離5.8km
山頂から270度の展望あり
二等三角点、日本の山1000

[難易度 ★★★☆☆　歩行時間：2時間30分、登り：1時間30分、下り：1時間]

尾根から下った広場から眺める穴目ヶ岳

　岩泉町小川地区と安家地区の境にあり、山麓の中沢集落からの山容はわかりにくい。
　昔、お新酒を川に流して雨乞いの神事を行った山で、山名の「穴」は「雨」が転じたものと言われている。この山は私有地であるが、登山道は平成25年に整備されたそうだ。
　平らな山頂からの展望は270度で、北に安家森、南に早池峰山、堺ノ神岳、西に三巣子岳方面の風力発電群、そして岩手山が望める。

登山口

歩きやすい登山道

山頂手前の登山道

アクセス	マイカー／国道455号を東に進み、国道340号を葛巻町方面へ約2km進むと中沢小学校と穴目ヶ岳の道標があり右折。橋の手前で同じ道標を右折、川沿いに進み中沢小学校を過ぎ、T字路（道標あり）を右折、林道大石沢線を経て林道穴目線へ合流し左折、1.2km位で登山口。駐車場は路肩に5〜6台。 問合わせ／岩泉町経済観光交流課 ☎0194-22-2111

登山口には小川地域振興協議会の看板が
り、車止めのチェーンが設置されている。
の左岸にある作業道を進む。所々土砂崩
はあるが登山道は歩きやすく、山頂まで
m程の間隔でピンクテープを確認しなが
、迷うことなく歩を進めることができる。
白樺、ダケカンバ林の中、5月にはニリ
ソウ、スミレサイシンなどの花々を満喫
ながら歩ける。

45分ほどで沢二股上部となり、山頂を示
看板のとおり右に行く。アカマツ林の中
少し進み、視界が開けてくれば　左手に
頂が見えてくる。

緩やかな荒れた草地を進んでいくと、細
ダケカンバと笹薮の急登に入る。大岩が
れたら山頂は間近だ。下山は往路を戻る。

考タイム／
登山口→【1:30】穴目ヶ岳→【1:00】登山口

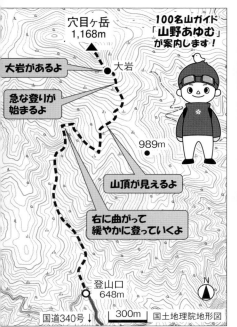

山頂まじかの大岩

広々とした山頂

山頂からの展望

1月	2月	3月	4月	5月	6月	7月	8月	9月	10月	11月	12月
積雪期			登山適期							積雪期	

主な高山植物　ニリンソウ、スミレ

スミレサイシン

ツツジが咲く頃は山頂付近が真っ赤に染まる。

⑧ 今出山 いまでやま 755m

標高差 270m、歩行距離 4.8km
山頂から360度の展望

[難易度／★☆☆☆☆　歩行時間：1時間10分、登り：40分、下り：30分]

今出山南西の道路より眺める山頂

登山[口]

山頂にある三角[点]

　大船渡市の市街地にそびえる今出山は標高755m。大船渡湾と市街地を眼下に見下ろし太平洋や唐桑半島まで眺める眺望がすばらしい。

コース　登山口〜今出山　往復

1月	2月	3月	4月	5月	6月	7月	8月	9月	10月	11月	12[月]
積雪期			登山適期							積雪[期]	

　標高485m。今出山に登っていく林道入口に着く。手前右のカーブしたところに数台駐[車]することができる。今出山登山は徒歩でお願いしますとの看板。4輪駆動の車だと山頂[ま]で上がることができるが、道は狭くすれ違うのが困難なところもあるので、徒歩で行くのが無難だろう。林道歩き約2kmで山頂に着く。下山は南の尾根通しに下ることができる。

　ツツジのトンネルをくぐりながら下る。真っすぐ下れば林道に出ることができるが、途中鉄塔のところで右に行っても林道に出ることができる。

参考タイム／登山口→【0:40】今出山→【0:30】登山口

<table>
<tr><td rowspan="5">アクセス</td><td>マイカー／国道45号大船渡合庁前の交差点を左折。県道9号に入る。赤崎町の信号の1つ手前、川沿いの道を左折。あとは今出山に向かって登っていく。ナビを頼りにすると便利だ。</td></tr>
<tr><td>問合わせ／大船渡市観光推進室 ☎0192-27-3111</td></tr>
<tr><td>入浴施設／富山温泉沢の湯</td></tr>
<tr><td>　　　　　大船渡市立根町字川原44-4</td></tr>
</table>

今出山 755m

100名山ガイ[ド]「山野あゆむ」が案内します

←猪川町

眼下に市街地と大船渡湾が見えるよ

ツツジのトンネルをくぐりながら歩くよ

●647m

↓国道45号

徒歩で登るようにとの看板があるよ

○登山口 485m

300m　国土地理院地形図

義経北行伝説が残る山。地元の安寧を願う神域。

㉝ 卯子酉山 うねとりやま 424m

標高差154m、歩行距離1.7km
山頂からの展望なし
一等三角点

[難易度／★★☆☆☆　歩行時間：50分、登り：25分、下り：25分]

鵜鳥神社遙拝殿手前から眺める卯子酉山

鵜鳥神社遙拝殿の登山口

一等三角点の山頂

平泉から密かに抜け出した義経はこの地に辿り着き、七日七夜にわたって海上安全、武運長久、諸願成就を祈り、社殿建立と祭典執行を命じたと伝えられている。
奥宮までの参道に佇む神道橋・うがい場・薬師様、それに樹齢500年以上とされている夫婦杉など、神域を感じながら静かな気持ちで歩くことができる。

コース	登山口〜卯子酉山〜鵜鳥神社〜登山口	1月	2月	3月	4月	5月	6月	7月	8月	9月	10月	11月	12月
		積雪期			登山適期								積雪期

鵜鳥神社遙拝殿の駐車場から、鳥居と遙拝殿を通り抜け参道に入る。15分ほど登ると奥宮と別れる分岐点に着き、山頂へは左に進む。すぐに展望台がありパノラマを楽しむこともできる。ここから道は少し不明瞭になり、途中で踏み跡は三方向に分かれるが、真ん中の尾根伝いを行けば山頂だ。
標識と三角点があり、展望は無い。同じルートを下山するが、先ほどの分岐から、奥宮とお岬様にも足を延ばしたい。

参考タイム／鵜鳥神社遙拝殿→【0:15】分岐→【0:10】卯子酉山→【0:10】分岐→【0:15】鵜鳥神社を往復→鵜鳥神社遙拝殿

マイカー／国道45号を北上して普代の町を通り過ぎ、下閉伊グリーンロードに左折し進むと、鵜鳥神社遙拝殿の駐車場に着く。
問合わせ／
普代村役場 ☎0194-35-2111

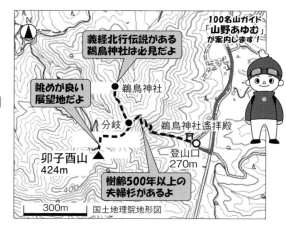

100名山ガイド「山野あゆむ」が案内します！

義経北行伝説がある
鵜鳥神社は必見だよ

眺めが良い
展望地だよ

鵜鳥神社

分岐

鵜鳥神社遙拝殿

卯子酉山
424m

登山口
270m

樹齢500年以上の
夫婦杉があるよ

300m　国土地理院地形図

白い山肌の絶壁、毎日見上げる我が街のシンボル。

⟨84⟩ 宇霊羅山 600m

うれいらさん

標高差 405m、歩行距離 3.7km
山頂からの展望なし

[難易度 ★★☆☆☆　　歩行時間：1時間40分、登り：1時間、下り：40分]

岩泉町市街地から眺める宇霊羅山

『宇霊羅（うれいら）』とはアイヌ語で「霧のかかる峰」（諸説あり）を意味している。

　全体がカルスト地形の中にあり岩泉の中心街から一望できるこの山は、石灰岩の壁をにまとい、季節ごとに変わる木々の色合いが映え美しくそびえ立つ象徴的な存在でもある

　山に住んでいた龍蛇が岩を割って飛び出し、龍泉洞ができ美味しい水が湧いたとか、和と蝦夷の戦に翻弄された幼い男女の悲恋とか、隠里伝説に古えへの思いをはせる。

　近くには龍泉洞・安家洞・氷渡洞といった鍾乳洞、街には「うれいら通り」と名の付レトロな雰囲気漂う商店街などもあり、登り終えた後の観光も楽しみたい。

金山林道登山口

急な登りでロープ

途中の展望地た

アクセス	マイカー／国道455号沿いにある岩泉郵便局を過ぎ、岩泉下町バス停を左に見て橋手前の十字路を左折。清水川右岸を進む。岩泉第二発電所を過ぎ、登山口案内看板のある変形した四差路を戻るように左折したら林道金山線。一本道を約1kmで登山口。付近に3台と先に2台分の駐車スペースがある。 問合わせ／岩泉町経済観光交流課 ☎0194-22-2111 入浴施設／龍泉洞温泉ホテル ☎0194-22-4141

コース 登山口〜フナクボコース〜分岐点〜宇霊羅山〜尾根コース〜登山口

　林道金山線にある登山口の標識から車道を200mほど歩くと、整備された空き地に小屋が見えてくる。その手前左手に小さな標識があり、ここから登山道になる。樹林帯の中を登ると急こう配になり岩場が現れる、所々にロープが設置されており、歩くのに問題はないが雨天時は石灰岩が滑りやすいので特に下山には注意されたい。

　出発から30分で分岐点となり（標識あり）、今回は行きは尾根コース（左）、帰りにはフナクボコース（右）をとる。尾根をたどり15分程で展望台に着く。直下にハート型した岩泉の街並み、目前には切り立った岸壁が迫って見える。

　一息入れて残り500m（15分）で山頂へ着く。頂上には「幸せに成る鐘」があるので鳴らしてみよう。展望は南側に岩泉、東側には太平洋が望める。ここから先に尾根伝いに1,500m（50分）で音床山があり、合わせて登りたい。下山は往路を下る。

考タイム／金山林道登山口→【1:00】宇霊羅山→【0:40】金山林道登山口

山　頂　　　　　　　　　　展望地から眺める岩泉町の街並み

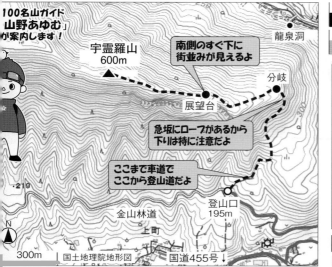

1月	2月	3月	4月	5月	6月
積　雪　期				登山適期	

7月	8月	9月	10月	11月	12月
登　山　適　期					積雪期

主なチョウと山の草

- ＊ウラシロミドリシジミ
- ＊キタアカシジミ
- ＊チョウセンアカシジミ
- ＊ツマジロウラジャノメ
- ＊ハヤシミドリシジミ

町の天然記念物に指定されている蝶や貴重な蝶が生息する

- ・イワシモツケ
- ・カイジンドウ
- ・タチツボスミレ
- ・ホタルカズラ　　など

その他のコース

■音床山へ往復（北西側）

100名山ガイド
「山野あゆむ」
が案内します！

宇霊羅山
600m

南側のすぐ下に街並みが見えるよ

龍泉洞

分岐

展望台

急坂にロープがあるから下りは特に注意だよ

ここまで車道でここから登山道だよ

登山口
195m

金山林道

上町

300m　国土地理院地形図　国道455号

近隣の人々から愛される縄文薫る霊山。

◀85 男和佐羅比山 おわさらびやま 814m

標高差216m、歩行距離4.8km
山頂から360度の展望
一等三角点

[難易度／★★☆☆☆　歩行時間：男和佐羅比山 1時間、女和佐羅比山 35分]

峠付近から眺める男和佐羅比山

峠の登山口

太平洋が望める山頂

　野田村と久慈市山根町の境界にあり、かつて「のだ塩ベコの道」と言われた道にあり、峠を挟んで男・女に別れる双耳峰。峠には石燈籠、両峰には祠があり、悠久の歴史を感じる

　野田村最高峰である男和佐羅比山山頂には、岩手県唯一の天測点（八角の石柱）があり太平洋が望める。春にはトレイルランニング大会などがあり、野田村憩いの場になっている

コース 登山口~男和佐羅比山~女和佐羅比山~登山口

1月	2月	3月	4月	5月	6月	7月	8月	9月	10月	11月	12
積雪期			登山適期								積雪

　車高の高い車であれば男和佐羅比山にはほぼ車で行けるが、ここは林道を歩きで行きたい。林道終点がアンテナ塔で、脇の階段を少し登れば展望の良い山頂に至る。

　女和佐羅比も是非登って頂きたい。途中道脇に有刺鉄線が現れ、だんだんと枝葉が生い茂ってくる。傾斜が増す中を進んでいくと赤松に囲まれ両側が切れ落ちた所に祠があり、その裏手が山頂である。下山時、祠直下の道が不明瞭なので注意が必要。

参考タイム／峠登山口→【0:35】男和佐羅比山→【0:25】峠登山口→【0:20】女和佐羅比山→【0:15】峠登山口

アクセス	マイカー／県道7号久慈市山根町上戸鎖と、県道29号野田村「アジア民族造形館」からの2ルートがある。駐車は峠の直下野田村側に6台位のスペースがある。 問合わせ／野田村役場農林商工課 ☎0194-78-2111

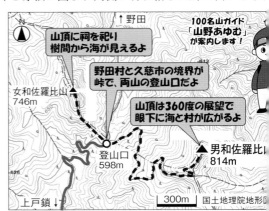

100名山ガイド「山野あゆむ」が案内します！

山頂に祠を祀り樹間から海が見えるよ

野田村と久慈市の境界が峠で、両山の登山口だよ

山頂は360度の展望で眼下に海と村が広がるよ

↑野田

女和佐羅比山 746m

登山口 598m

男和佐羅比山 814m

上戸鎖↓

300m 国土地理院地形図

かつての放牧場を偲ぶ、なだらかな山容のハイキングコース。

⟨86⟩ 害鷹森 がいたかもり 1,304m

標高差79m、歩行距離0.6km
山頂から南側に展望あり
二等三角点、山岳標高1003

[難易度／★★☆☆☆　歩行時間：35分、登り：20分、下り：15分]

登山口付近から眺める害鷹森

防風棚がある登山口

展望がない山頂

岩泉町と宮古市の堺に立つ山で、山容はなだらかな丘状をしてる。真下まで林道が通っ［て］いるので、登山口から山頂まで20分程で登れる。国道340号の和井内から安庭ノ沢鉱泉を［経］て林道を通るコースと、国道106号の川内から夏屋を右に上がる林道がある。いずれも未［舗］装路。普通車は舗装されている八戸川内大規模林道で幹線林道記念碑まで上がり、林道［を］登山口まで1時間歩いて登山口に達する。

［コース］　登山口〜害鷹森　往復

1月	2月	3月	4月	5月	6月	7月	8月	9月	10月	11月	12月
積雪期				登 山 適 期						積雪期	

　上がってきた林道がY字路となる南の斜面に、壊れかけた防風棚が登山口の目印。防風［棚］の間から山頂に向かって真っ直ぐ登っていく。

　笹薮と雑木林を抜けると裸地が広がり、かつては放牧場があったことを偲ばせる。山頂［に］は二等三角点があり、［南］側に展望がある。登り［20］分程度のコースだが、［なだら］かな山を楽しめる。

［参］考タイム／登山口→【0:20】
［害］鷹森→【0:15】登山口

［その他のコース／
藍洞沢林道から（西側）

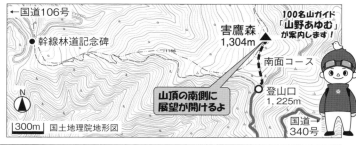

←国道106号
●幹線林道記念碑
—1166
害鷹森 1,304m ▲
100名山ガイド「山野あゆむ」が案内します！
南面コース
○ 登山口 1,225m
国道340号
N
300m　国土地理院地形図
山頂の南側に展望が開けるよ

マイカー／①国道340号の和井内から安庭ノ沢鉱泉を経て、林道を登山口まで。（国道340号分岐から約17km）②国道106号の川内から、夏屋方面に八戸川内大規模林道を4km進むと右に入る村道がある、10km進むと登山口に着く。
問合わせ／宮古市市役所 ☎0193-62-2111

◀87 片羽山雄岳

かたばさんおだけ
1,312m

標高差 848m、歩行距離 11.9km
二等三角点
山頂から360度の展望

[難易度／★★★☆☆　歩行時間：4時間40分、登り：3時間、下り：1時間40分]

笛吹牧場から望む片羽山雄岳と雌岳

登山口の鳥居

山頂から望む雌岳

　片羽山は北の雄岳と南の雌岳から成る双耳峰だ。雄岳の方が雌岳よりも高く、雄岳に三角点がある。遠野物語三十二話では、「白い鹿を追って千晩こもった山を仙磐山、追われた鹿が片肢折れて逃げた山が片羽山」とある。
　山頂は360度全方位の展望が楽しめる。雌岳は残雪期の登山コースと考えたほうが良い。

コース　青ノ木川沿い広場〜片羽山雄岳　往復

　川沿いの広場から林道を歩くと鳥居のある登山口。ここから松、白樺、ブナに囲まれた緩やかできれいな道だ。
　四合目辺りから次第に登山道らしくなる。山頂が見えてくると登山道は険しくなり、苔むした岩で歩きにくい。
　露岩や背の低い木々を縫うように登ると、大きな露岩が出てきて山頂。眺望は岩手県の山の中でも屈指で、ゆっくりとパノラマを堪能したい。

参考タイム／川沿い広場→【3:00】雄岳→【1:40】川沿い広場

1月	2月	3月	4月	5月	6月	7月	8月	9月	10月	11月	12月
積雪期			登	山	適	期				積雪期	

ア ク セ ス	マイカー／遠野から国道283号を住田方面へ行き、県道35号へと左折し笛吹峠へ向かう。笛吹峠から大槌方面へ5km行き青ノ木橋を渡り、「片羽山登山口」の道標から川に沿った小道へと進む。すぐに林道が荒れており川沿いの広場に駐車。
	問合わせ／釜石市役所 ☎0193-22-2111
	入浴施設／たかむろ水光園 ☎0198-62-2834

広場464m
登山口527m

100名山ガイド
「山野あゆむ」
が案内します

登山口の鳥居をくぐるよ

二合目

829m

川沿いの広場に車を停めたよ

左にたくさんの風力発電が見えるよ

五合目858m

ここからキツイ登りだから頑張ってね

1,121m

最後の急登だよ

七合目

片羽山雄岳
▲1,312m

300m　国土地理院地形図

宮古湾が一望できる山頂まで車で上がることができる。

88 月山

がっさん
455m

標高差 約10m、歩行距離 約100m
二等三角点
山頂から360度の展望

[難易度／★☆☆☆☆　歩行時間　登り：2分、下り：2分]

宮古湾の国道45号より眺める月山

山頂の標識

山頂展望台から眺める宮古湾

　宮古市街地の対岸、重茂半島にある標高455mの山。山頂までは車道が通じており、誰でも簡単に山頂に立つことができる。頂上からは宮古湾と周辺を一望でき、素晴らしい景色も楽しめる。別名、御殿山とも呼ばれている。

コース　駐車場〜月山　往復

1月	2月	3月	4月	5月	6月	7月	8月	9月	10月	11月	12月
積雪期			登	山	適	期					積雪期

　駐車場トイレ裏側の道を登ればすぐ山頂に着く。宮古湾方面が展望台となっている。トイレのある駐車場手前の林道を右に行けば、山頂まで車で上がれるが、何台も停められないので止めた方がよい。

　徒歩で登るルートもいくつかあるようだが、今回は調査してない。白浜から登る道がよく登られているようだ。

参考タイム／トイレのある駐車場→【0:02】月山→【0:02】トイレある駐車場

アクセス

マイカー／国道45号から県道41号へ。白浜峠に着いたら左折。その先左から入ってくる林道を登れば山頂直下のトイレのある10台ほど駐車できる駐車場に着く。林道は積雪時通行止め。現在、令和元年台風19号の影響で、期間に関わらずトイレの使用は不可。
問合わせ／宮古市産業振興部観光課
☎0193-62-2111

100名山ガイド「山野あゆむ」が案内します！

宮古湾

白浜コース

白浜登山口

月山
455m

山頂から西側に望む
宮古湾がキレイだよ

ここからダートが
始まるから気をつけてね

N

300m　国土地理院地形図

白浜峠、月山登山口

その他コース　白浜コース（西側）、鵜磯コース（南東側）

シラカンバ天然林に包まれた区界高原にひっそり佇む岩峰。

⑧⑨ 兜明神岳 かぶとみょうじんだけ **1,005m**

標高差396m、歩行距離7.5km
山頂から360度の展望
東北百名山、日本の山1000

岩神山 いわがみやま **1,103m**

[難易度 ★★★☆☆　歩行時間：2時間45分、登り：1時間40分、下り：1時間05分]

国道106号から眺める兜明神岳

　兜明神岳と岩神山は盛岡市と宮古市の市境にある山で、区界高原のシンボル的存在の山である。山頂が岩峰になっており、武者の兜に似た形をしていることから名前がつけられたようだ。かつては放牧が盛んだったのであろうか、紹介する登山口には閉伊七神の一つで牛馬の守護神である兜神社が建っている。小さな神社だが良く手入れもされていてトイレも併設されており、地元の人々に慕われているようだ。

　他にも区界高原ウォーキングセンターの登山口があり、ここにはキャンプ場や大駐車場、内部には休憩室、シャワー室、トイレ等が完備されている。県道沿いには近くに道の駅区界高原があり、ダールラーメンと高原大根おろしカレーが人気のようである。

登山口の大鳥居

ダケカンバ林の登山道

馬っこ広場付近

アクセス	マイカー／盛岡市から国道106号バイパスを宮古市に向かい、長いトンネルを抜けると区界に入る。旧道に降りて盛岡方面に戻ると兜神社の大鳥居がある。30台程駐車可能、神社にトイレあり。 問合わせ／宮古市川井総合事務所 ☎0193-76-2111

　真っ直ぐの参道を歩くと兜神社の後方に兜明神岳が見える。参道が終ると右側にトイレがあるので、ここで用を足してから行こう。神様への挨拶が終わったら神社左脇から登山道を登って行くと、やがて右手に鎖場が出てくる。慎重に登ろう。鎖場が終ると岩のバンドからフェイスに取り付き、2級程度の岩登りになる。登りきると祠があって頂上になるが、自信の無い人は止めておこう。岩手山から早池峰山まで見渡せる。

　頂上からコルに降りたら右手の登山道を下り、10分程でかぶと広場に出る。右手の細長い東屋裏から林道があるので岩神山に向って歩こう。5分程で馬っ子広場に出るが、岩神山へはそのまま林道を歩き、広場の終わりに岩神山の標識があり登山道が始まる。

　しばらく登ると山頂基部に着き、大きな電波塔の建つ右手の岩峰が頂上である。踏み跡を辿って岩神山頂上に立とう。藪はあるが360度のパノラマが楽しめる。

参考タイム／大鳥居→【0:50】兜明神岳→【0:15】
馬っこ広場→【0:35】岩神山→【1:05】大鳥居

岩手山、早池峰山、姫神山などが望めるよ

岩神山 1,103m

草原が広がっているので昼寝に最高だよ

馬っこ広場

山小屋やテーブルがあるから休憩に最適だよ

山頂へは15m程の岩を登るから気をつけてね

かぶと広場

100名山ガイド「山野あゆむ」が案内します！

兜明神岳 1,005m

シラカバ、ダケカンバなどの天然林の中を歩いて行くよ

区界第2地割
区界
国道106号
兜神社
大鳥居 707m
区界第1地割
300m　国土地理院地形図

兜明神岳の岩場

岩神山山頂から岩手山を望む

岩神山山頂

1月	2月	3月	4月	5月	6月	7月	8月	9月	10月	11月	12月
積雪期				登山適期						積雪期	

その他コース 区界高原ウォーキングセンターより、区界高原少年自然の家より

165

落葉の時期を推奨、海抜0mから山頂まで展望を楽しめる。

❾⓪ 霞露ヶ岳 かろがたけ 514m

標高差 509m、歩行距離 7.5km
山頂から西側に展望あり
東北百名山

[難易度／★★★☆☆　　歩行時間：3時間30分、登り：1時間50分、下り：1時間40分]

山田漁港付近から眺める霞露ヶ岳

　山田町、船越半島にある山で、登山道のある山としては本州最東端に位置する。みちのく潮風トレイルとして整備されており、海抜0mから登ることができる。

　登山シーズンは、四季を通して登山可能だが、落葉している11月下旬〜3月中旬くらいが見透しがよく、景色が素晴らしいのでお勧めだ。太平洋側なので冬は好天が期待できるし、登山が難しいほど雪が積もることはほとんどない。

漉磯海岸

登山口

展望台から眺める太平

アクセス	マイカー／「道の駅やまだ」北の信号を右折し、左に大浦漁港が見えてきたら「小谷鳥方面」の看板に従い右折する。正面に墓地の見える十字路を直進20分で椎茸生産組合のあるT字路を右折し、100m先の分岐を右折。漉磯海岸に駐車場がある。道の駅から漉磯海岸まで、舗装道路13km、30分。 問合わせ／山田町役場 ☎0193-82-3111、山田町観光協会 ☎0193-84-3775 入浴施設／うみねこ温泉 湯らっくす…下閉伊郡山田町川向町6-49

　砂浜に降り、簡単に渡れる小沢を越えた所が登山口だ。環境省が設置した「みちのく潮風トレイル」の小さな標識杭がある。15分ほど登れば尾根に出て、眼下に太平洋を間近に見下ろせる。尾根沿いにジグザグに高度を上げ、登山口から1時間ほどで4等三角点の赤平(409m)に着く。この先は小さい登り下りを繰り返し、20分ほどで左に派生する踏み跡の分岐がある。踏み跡に入れば岩の上の展望台がある。分岐に戻り、岩が散見できる緩やかな道を行くと、道標のある三叉路に着き頂上はすぐそこだ。

　頂上には、霞露ヶ岳の立派な標識があり、「三陸復興国立公園」とある。山田湾のオランダ島(大島、小島)越しに陸中山田の街並みが見下ろせる。

　下山し始めて1時間ほどで、古びた鳥居がある参道コース登山口に着く。車が3～4台置けるスペースがあり、左へ舗装道を40分ほど下れば駐車場のある漉磯海岸だ。

参考タイム／漉磯海岸→【1:00】赤平→【0:50】霞露ヶ岳→【1:00】参道コース入口→【0:40】漉磯海岸

三陸復興国立公園の山頂

山頂から眺める山田湾とオランダ島

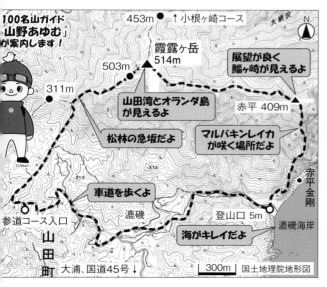

1月	2月	3月	4月	5月	6月
冬		登山適期			

7月	8月	9月	10月	11月	12月
登山適期					冬

主な高山植物

- ・イチヤクソウ
- ・キンセイラン
- ・ナミキソウ
- ・ニッコウキスゲ
- ・マルバキンレイカ
- ・ヤマオダマキ
- ・ヤマツツジ

その他のコース

■小根ヶ崎コース(北側)
小根ヶ崎林道～登山口～
453mピーク→霞露ヶ岳

鯨　山　くじらやま 609m

標高差506m、歩行距離7.2km
山頂から360度の展望、二等三角点
東北百名山、日本の山1000

[難易度／★★★☆☆　歩行時間：3時間30分、登り：2時間、下り：1時間30分]

国道45号から眺める鯨山

　鯨山は陸中海岸沿いの山田町と大槌町の境に位置する山である。この辺りでは昔、捕鯨船による漁が盛んだったのだろうか、山田町にある道の駅ではニタリ鯨の刺身が売られている。牡蠣飯弁当がこれまた美味い!! 鯨と牡蠣はこの辺りの名産品らしい。

　登山口の陸中海岸青少年の家は、東日本大震災では多くの人を受け入れ貢献した場所である。山頂には鯨山神社奥宮があり、陸中海岸方面には霞露ヶ岳、タブの大島、弁天島、鮫鼻、野島、吉里吉里半島、箱崎半島が一望できる。一方内陸方面には片羽山、白見山、薬師岳、早池峰山まで遠望できる素晴しい山で、是非一度この展望を見てもらいたい。

登山口

403mピーク付近

山頂の標

アクセス	マイカー／国道45号を山田町から南下すると陸中海岸青少年の家の看板が出てくる。右折して青少年の家の敷地が登山口になる。 問合わせ／山田町役場 ☎0193-82-3111、大槌町役場産業振興部商工観光課 ☎0193-42-8725 入浴施設／山田町「うみねこ温泉湯らっくす」☎0193-82-4500 　　　　　山田町「光山温泉 旅館岳泉荘」☎0193-82-2314

周回コース 登山口～十文字分岐～鯨山～十文字分岐～大沢川コース～登山口

　青少年の家から看板に導かれ登山口が出てくる。駐車場は50台程、警備員に一声かけて入山記帳を済ませたら出発。早朝の鳥達が早速歓迎してくれたものの、尾根道はミズナラと藪で景色はイマイチ。暫らく登ってふっと振り返ると、船越湾が木の間から見えてきて嬉しい。赤松林になった頃、山頂がチラチラ見え始める。

　尾根を登りきって、織笠から来る登山道と合流した道を左へ歩いて行くとコルに下り、トラロープが出てくるが道しるべ代わりなのだろう。降りたコルが十文字分岐で、ここから急登が始まる。ところどころフィックスロープに掴まりながら山頂を目指す。

　帰りは十文字分岐を右折して大沢沿いに下山する。

参考タイム／登山口→【1:10】十文字分岐→【0:50】鯨山→【0:35】十文字分岐→【0:55】登山口

山頂に建つ鯨山神社

山頂から眺める船越湾

1月	2月	3月	4月	5月	6月
積雪期		登山適期			

7月	8月	9月	10月	11月	12月
登山適期				積雪期	

ムシカリ

主な高山植物
- ・イワウチワ
- ・ヤマツツジ
- ・ミヤマキンバイ
- ・ムシカリ　など

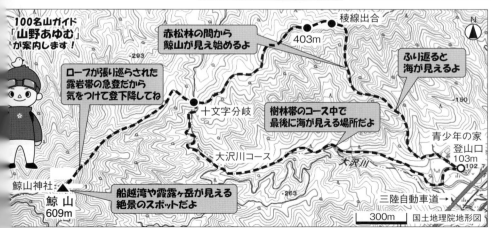

100名山ガイド
「山野あゆむ」
が案内します！

赤松林の間から
鯨山が見え始めるよ

403m

稜線出合

ふり返ると
海が見えるよ

ロープが張り巡らされた
露岩帯の急登だから
気をつけて登下降してね

十文字分岐

樹林帯のコース中で
最後に海が見える場所だよ

青少年の家
登山口
103m

大沢川コース

大沢川

鯨山神社
鯨山
609m

船越湾や霞露ヶ岳が見える
絶景のスポットだよ

三陸自動車道

300m　国土地理院地形図

その他コース 波板川コース（南西側）、波板駅～（南側）、萩野原から鯨峠を経て（北西側）

⟨92⟩ 五葉山 ごようざん 1,341m

標高差 629m、歩行距離 8.5km
山頂から360度の展望、一等三角点
日本三百名山、東北百名山、花の百名山
日本の山1000、山岳標高1003山

[難易度 ★★★☆☆   歩行時間：3時間50分、登り：2時間10分、下り：1時間40分]

登山道から眺める五葉山山頂方面

　北上高地に属し、県南東部の釜石市、大船渡市、住田町にまたがり、県立自然公園に位置する。三陸沿岸最高峰で一等三角点の山だ。最高点は、頂上標識と三角点があるところではなく、もう少し先にある「日の出岩」だ。動植物も多く、ニホンザルやホンシュウジカが生息している。ツツジやシャクナゲも豊富で、ツツジの咲く5月中旬ごろから登山者が多くなる。九合目には改築（2019年）して間もない避難小屋の石楠花荘がある。

　登山シーズンは、四季を通して登山可能だが、花の咲く5〜7月、紅葉の10月が良い。初冬〜年末も捨てがたい。石楠花荘に泊まれば、太平洋から昇る朝日が拝めるかもしれない。通常、1月4日〜4月初旬までは赤坂峠は通行止めになる。

赤坂峠登山口

薪ストーブがある石楠花荘

日枝神社

アクセス	マイカー／三陸自動車道大船渡ICを降りて、国道45号から国道107号に入る。「五葉温泉・五葉山」の標識に従い右折し、県道193号に入り赤坂峠を目指す。赤坂峠にはトイレがある。大船渡ICから赤坂峠まで、舗装道路19km40分。 問合わせ／大船渡市役所 ☎0192-27-3111、住田町役場 ☎0192-46-2111 入浴施設／五葉温泉 ☎0192-22-5400　赤坂峠から大船渡市側に5kmほど下った所入浴や食事ができる。第2・4火曜が定休日だが要確認。

コース 赤坂峠登山口～畳石～石楠花荘～日枝神社～五葉山～日の出岩 往復

歩き始めて50分ほどで四合目の「畳石」に着く。テーブルとベンチがある。畳石を過ぎ
と低い笹原の広葉樹林帯となる。七合目を過ぎると小さな祠があり、その50m先には見晴
し場になっている岩のお立ち台があり、南側にリアス式海岸や氷上山が遠望できる。そ
先左手にも鳥居と祠が現れる。

八合目から傾斜が緩くなりシャクナゲが目立つようになると、10分ほどで避難小屋「石
花荘」に着く。冷たい湧き水がある。緩やかな道を10分ほどで、頂上への分岐に佇む日
神社に着く。頂上はまもなくだ。這松に囲まれた広場には一等三角点と頂上標識があるが、
番高い所は少し先の「日の出岩」だ。往復10分である。

考タイム／赤坂峠→【0:50】畳石→【1:20】五葉山→【0:10】日の出岩→【1:30】赤坂峠

太平洋が見える山頂

日の出岩の奇岩

100名山ガイド
「山野あゆむ」
が案内します！

五葉山 1,341m

日の出岩 1,351m

岩の上に立つと
気持ちがいいよ

日枝神社

石楠花荘 水場あり

五葉山自然観察教育林

この辺りから
シャクナゲが素晴らしいよ

1,220m

ここから
急な登りになるよ

ここから
展望が良くなるよ

畳石 1,023m

釜石→

賽ノ河原

この辺りのヤマツツジが
素晴らしいよ

300m 国土地理院地形図 大船渡↓

赤坂峠
登山口
712m

1月	2月	3月	4月	5月	6月
積雪期				登山適期	

7月	8月	9月	10月	11月	12月
登山適期				積雪期	

ヤマツツジ

主な高山植物

・ハクサンシャクナゲ（7月上旬）
・ヤマツツジ（5月下旬頃）
・コケモモ
・イソツツジ　など

その他のコース

■栖ノ木平コース（北東側）
■五葉山神社コース（西南側）
■愛染山へ（北側）

山頂から360度の大パノラマで、北上山地の山々を見渡すことができる。

⑨③ 堺ノ神岳

さかいのかみだけ
1,319m

標高差289m、歩行距離5.6km
山頂から360度の展望、三等三角点
日本の山1000、山岳標高1003山

[難易度／★★★☆☆　歩行時間：2時間20分、登り：1時間20分、下り：1時間]

県道171号大川立石から眺める堺ノ神岳

　岩泉町と宮古市の境にまたがる山で、その昔、下閉伊郡に三つの明神を駆ける「三山めぐり」の成人儀式があった。これを「お山かけ」と呼び、堺ノ明神、峠ノ明神、兜ノ明神の三山参りをしたという。山頂手前に鳥居があり山頂には石祠も祀られ、今も面影を残している。

　山頂からは360度の大パノラマで、北上山地の山々を見渡すことができる。登山道は北側の岩泉大川の林道から登るコースと、南側の和井内からの林道終点から登るコースがあるが、和井内からの林道の状態が悪く、今回は林道の状態が比較的安定している北側からのコースを紹介する。

登山口

1,070m付近の歩きやすい登山道

山頂への急な階段

アクセス	マイカー／東北自動車道盛岡ICから国道106号を西に進み、茂市で340号を左折して25km進む。県道171号大川松草線のバス停「川崎口」付近から町道川崎線に入り、林道を約10km「堺ノ神岳登山口」の標識に沿って進む。登山口の林道脇に数台駐車可能。トイレなし。問合わせ／岩泉町役場　☎0194-22-2111

登山口は林道脇に、数台の駐車スペースと右側に「堺ノ神岳登山口」の標識がある。登山道はよく踏まれていて歩きやすく、ブナやダケカンバの林の中を緩やかに登っていく。ところどころに見られる道標は朽ちかけているが、目安となるだろう。

笹薮の登りを過ぎると草原の広場となり、広々としているのでここで休憩しても良いだろう。その先の和井内コースとの分岐を過ぎると、朽ちかけた赤い鳥居が現れる。鳥居をくぐると急な石段となるが長くは続かず、急に視界が開け岩に覆われた頂上が目の前に現れる。山頂からの展望は素晴らしく、ゆっくりと堪能しよう。下山は往路を戻る。

参考タイム／岩泉大川登山口→【1:05】赤い鳥居→【0:15】堺ノ神岳→【1:00】岩泉大川登山口

山頂直下にある石の祠

山頂の石塔

'00名山ガイド「山野あゆむ」が案内します！

↑県道171号

少し急な登りになるよ

岩泉町大川登山口 1,030m

朽ちかけた赤い鳥居から急な石の階段になるよ

1,206m

井内コース分岐

山頂付近は岩場で祠が祀られているよ

▲堺ノ神岳 1,319m

360度の展望で素晴らしい景観だよ

岩泉町

和井内放牧場↓　300m　国土地理院地形図

山頂の三角点

山頂から望む害鷹森方面

の他コース　和井内放牧場からのコース（南側）

1月	2月	3月	4月	5月	6月	7月	8月	9月	10月	11月	12月
積雪期				登山適期							積雪期

登山には、自衛隊の基地見学許可が必要な一等三角点の山。

◆94 十二神山 じゅうにしんざん 731m

標高差 80m、歩行距離 1.62km
山頂から360度の展望
一等三角点、山岳標高1003山

[難易度／★☆☆☆☆　歩行時間：往復25分]

宮古市街より眺める十二神山

山頂の一等三角点

山頂から眺める山田湾

　重茂(オモエ)半島にあり、宮古市、山田町の境界に位置する一等三角点の山。山名は薬師如来を守護する十二神将に由来し、修験場として女人禁制の歴史がある。航空自衛隊山田駐屯基地内にあるため、登山するには「基地見学」の許可を取得する必要がある。巨大なレーダードームがある山頂からは、霞露ヶ岳、月山が遠望でき、山田湾、宮古湾が見下ろせる

コース	駐車場〜十二神山　往復	1月	2月	3月	4月	5月	6月	7月	8月	9月	10月	11月	12月
		積雪期		登山適期								積雪期	

　駐車場では案内係の自衛隊員が待っている。隊員による施設説明を聞きながら歩く。ヘリポートを左に過ごし、しばらく行くと右手にレーダー施設に繋がる建屋が段状に現れる。建屋を過ぎて右に回り込むように進めば一等三角点に続く階段がある。レーダードームのすぐ隣に位置している。階段を上れば頂上だ。施設の撮影は禁止されている。

参考タイム／駐車場から往復25分

ア ク セ ス	マイカー／三陸自動車道山田ICから国道45号を北上し、5kmほどで「航空自衛隊山田駐屯基地」の標識に従って右折し防衛施設道路に入る。まもなくプレハブ造りの無人の電話連絡所に着く。電話で見学の旨を伝える。ここから4km未舗装の登りで分屯基地ゲートに着く。 問合わせ／航空自衛隊山田分屯基地見学係　☎0193-82-2636(内203) 宮古市産業振興部観光課　☎0193-62-2111

十二神山
731m

階段を登ると
山頂だよ

駐車場
651m

航空自衛隊山田分屯基地

100名山ガイド
「山野あゆむ」
が案内します

↓国道45号

300m　国土地理院地形図

山伏ゆかりある、いにしえの山。名を見てはせ、登り慈しむ。

(95) 白見山 しろみやま 1,172m

標高差 302m、歩行距離 3.9km
山頂からの展望なし
一等三角点

［難易度／★★☆☆☆　歩行時間：2時間、登り：1時間15分、下り：45分］

牧場から眺める山頂

登山口の少し先

刈払いされた山頂

白見山のある宮古市というと、岩手に縁のない人にとっては海のイメージが強い。しか
国道283号から仙人峠を越えると、そこに海のイメージはない。なるほど、宮古に来て歴
を見るに、白見山所在の場所は「安住の地」と称され、むかし戦いに敗れた武将が逃げ
びてきた地のようである。
そんな地にある白見山は、歴史を紐解いてみると楽しい登山ができる山である。

コース　登山口～白見山　往復

1月	2月	3月	4月	5月	6月	7月	8月	9月	10月	11月	12月
積雪期			登山適期								積雪期

電線に囲われた牧場が出発点。電線沿いに歩き始める
左側に登山道入口がある。雑木林を5分程歩くと林道
横切り、その林道をまたぎ、上りになったら左の尾根
向かい踏み後を辿る。
平坦な箇所は踏み後がいたるところにあるので要注意。
根に出たら山頂に向かい、笹薮の急登をひたすら登る
山頂がある。

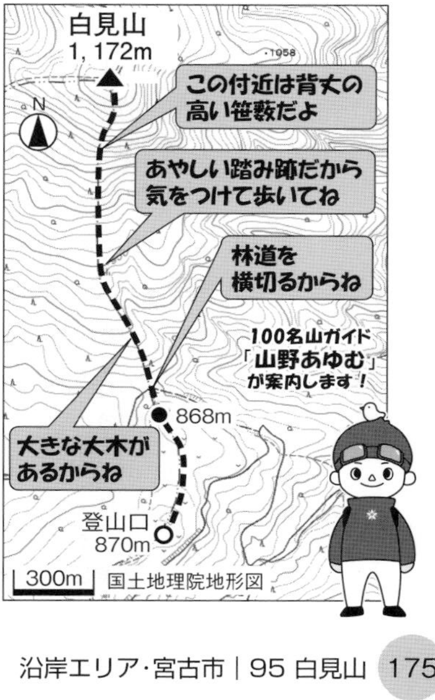

白見山
1, 172m
1958
N
この付近は背丈の高い笹薮だよ
あやしい踏み跡だから気をつけて歩いてね
林道を横切るからね
100名山ガイド「山野あゆむ」が案内します！
868m
大きな大木があるからね
登山口
870m
300m
国土地理院地形図

アクセス

マイカー／東北道からと三陸道のコースがあるが、両方とも国道340号を目指し、遠野から北上。途中一ノ渡バス停を右折。ここから12km先が登山口で、まっすぐ走る。舗装は約5km、約7kmは砂利道。11kmを過ぎると左側に「金糞平の山桜」の標識がありそこを左折し、そのまま行くと左側に家が見える。その道を左折し牧場に着く。
問合わせ／宮古市役所 ☎0193-62-2111

陽だまりの静かな山歩きを楽しめる山。

◀96 峠ノ神山 とうげのかみやま 1,229 m

標高差159m、歩行距離2.5km
山頂から展望なし、一等三角点
山岳標高1003山

[難易度／★★★☆☆　歩行時間：2時間30分、登り：1時間30分、下り：1時間]

登山口付近から眺める峠ノ神山

無人雨量観測施設前の登山口

一等三角点の山頂

　宮古市と岩泉町の境にあり、新里牧場や亀ヶ森牧場を従え、なだらかな山容である。古くは人迷岳の名もあり、地形の変化が少なく目標を失い迷うことが多かったそうだ。

　登山道は不明瞭な箇所もあり、正しいルートファインディングが必要。周辺には、亀ヶ森があり併せて訪れるのも良いだろう。のんびりと静かな山歩きが楽しめる山である。

1月	2月	3月	4月	5月	6月	7月	8月	9月	10月	11月	12月
積雪期				登	山	適	期			積雪期	

コース　登山口～峠ノ神山　往復

　無人雨量観測施設前の登山口から登り始める、明確だった登山道がやがて低い笹藪に覆われる。10分ほど進むと広い旧牧草地に出、牧草地からは踏み跡をたどると石仏のある祠がある。山頂までは笹藪の中を進むとすぐだ。

　山頂からの展望は木々に邪魔され残念ながら見えないが、落葉している季節なら期待ができそうだ。下山は、境界沿いにも笹藪の中に踏み跡がありそちらを下ると、先程の広い旧牧草地に出るのでそのまま来た道を戻る。

参考タイム／登山口→【1:30】峠ノ神山→【1:00】登山口

ア ク セ ス	マイカー／東北自動車道盛岡ICから国道106号を西に進み、茂市で国道340号を北に進む。和井内を右折し源兵衛平方面に進み、10km程で新里放牧場からの道のゲートに当たるので左折するとすぐに東屋が現れ、その先が登山口である。駐車は登山口とその周辺の路肩に5～6台程可能。トイレ、水場なし。 問合わせ／宮古市役所 ☎0193-62-2111

展望はないけど
一等三角点があるよ

石仏の祠があるよ

峠ノ神山
1,229m

広い牧草地で
先の途中から
笹藪になるよ

登山口
1,070m

国道340号

100名山ガイド
「山野あゆむ」
が案内します

300m　国土地理院地形図

車で山頂までGO！海が見わたせるドライブには絶好の山。

⬥97 夏虫山
なつむしやま
716m

標高差 12m、歩行距離 0.3km
山頂から360度の展望
三等三角点

[難易度／★☆☆☆☆　歩行時間：往復10分]

夏虫お湯っこ付近から眺める夏虫山

山頂のケルン

山頂から眺める越喜来湾

三陸海岸沿いの大船渡市に立つ山で、ホンシュウジカが生息する夏虫山高原が広がる。林道入口には「夏虫のお湯っこ」があり、ヘルストン温泉と呼ばれる弱アルカリ性ミネラル泉の人口温泉が建っている。ここは宿泊施設もあり、休憩室では食事もできる。

山頂からは越喜来湾や吉浜湾が一望でき、三陸海岸沿いの山々の景色が楽しめる。山頂にはパラグライダーを楽しむ人々もいるが、現在、体験飛行はできなくなっている。

コース　駐車場から山頂まで5分

1月	2月	3月	4月	5月	6月	7月	8月	9月	10月	11月	12月
積雪期			登 山 適 期							積雪期	

車で舗装された林道を夏虫山展望台の看板に導かれて山頂まで行くと、夏虫山パラグライダー離陸基地と大船渡市の看板があり、20台程の駐車スペースがあるので車を停めよう。眼の前の柵を過ぎて柵沿いに右に登って行くと、直に頂上に着く。高原から望む景色を楽しんでほしい。

アクセス
マイカー／国道45号を釜石市から大船渡市に向かって行くと越喜来辺りで「夏虫のお湯っこ」の看板を右折。夏虫のお湯っこを過ぎて、夏虫山展望台の看板に導かれて10km程で駐車場に着く。駐車帯20台程、トイレ無し。
問合わせ／大船渡市役所観光交流推進室
☎0192-27-3111
入浴施設／夏虫のお湯っこ ☎0192-44-2600

大船渡湾から金華山まで見渡せるよ

河内夏虫山牧場

駐車場
704m

夏虫山
716m

もみじの大木がみごとだよ

100名山ガイド「山野あゆむ」が案内します！

遊・YOU・亭 夏虫は食事、入浴、宿泊ができるよ

遊・YOU・亭 夏虫
夏虫のお湯っこ

300m　国土地理院地形図

三陸道→

⑱ 早池峰剣ヶ峰
はやちねけんがみね　1,827m

標高差577m、歩行距離6.9km
山頂から360度の展望

[難易度 ★★★☆☆　歩行時間：5時間、登り：2時間50分、下り：2時間10分]

薬師岳から眺める早池峰剣ヶ峰

　北上高地の主峰として名高い早池峰山からは、主稜線をつないで1.6kmほど東に位置している。宮古市に属する山である。岩峰を巻いて下っていき、岩混じりのナイフリッジの先にある。全方位展望の頂上からは県道25号を挟んで見下ろす薬師岳が印象的だ。

　剣ヶ峰と呼称される山はいくつもあり、そのほとんどは山岳の山頂であることが多い中、早池峰剣ヶ峰は主稜線上の一つの高みである。とはいえ、その名の示すとおり両脇は切れ落ちて険峻であり独特の雰囲気を持っている。

　早池峰山と合わせて登られることが多いが、分岐から先は人影が少なく静かな山だ。

　登山口は、小田越からのものと悠久のみちトンネル脇からのものがある。

小田越登山口

四合目付近

鉄バシ

| アクセス | マイカー／早池峰山の項（30P）を参照。
問合わせ／花巻市役所大迫総合支所 ☎0198-48-2111 |

主稜線の分岐までは「早池峰山」を参照。

御田植場手前、主稜線上の分岐からハイマツの中の道を辿り、コンサベーションロープ
に囲まれた岩峰群を左から巻いて進む。約300m（10分）ほどでハイマツ混じりの岩稜となり
剣ヶ峰が見下ろせるようになる。その後、灌木のトンネル状の道を潜り抜けて尾根を下っ
て行く。シャクナゲが出てきて再びハイマツの岩稜になる。

分岐から30分ほどで1,810mピークに着くが、目指す剣ヶ峰はもう少し先だ。岩混じりの
シャクナゲとハイマツの細い稜線を進むと早池峰剣ヶ峰に到着する。頂上標識がある。

考タイム／小田越登山口→【1:25】五合目→【0:50】九合目分岐→【0:35】剣ヶ峰→【0:40】九合目
　　　分岐→【1:30】小田越登山口　（河原坊から歩けば、登り+40分、下り+30分）

山頂から眺める早池峰山

分岐から眺める早池峰山

ナンブトウウチソウ

1月	2月	3月	4月	5月	6月
	積雪期				登山適期

7月	8月	9月	10月	11月	12月
	登山適期			積雪期	

高山植物（固有種）

・ナンブイヌナズナ
・ナンブトウウチソウ
・ナンブトラノオ
・ハヤチネウスユキソウ
・ヒメコザクラ
・ミヤマヤマブキショウマ

その他のコース

■悠久のみちトンネル〜（東側）
■早池峰山へ（西側）

山頂は全方位の展望を楽しめ、祈祷ヶ原はピクニックランチに最高。

❾❾ 氷上山 ひかみさん 874m

標高差519m、歩行距離7.0km
山頂から360度の展望、二等三角点
東北百名山、日本の山1000
山岳標高1003山

［難易度／★★★☆☆　歩行時間：3時間30分、登り：2時間5分、下り：1時間25分］

国道340号から眺める氷上山

祈祷ヶ原にある避難小屋

山頂から眺める広田湾

　陸前高田市の北方に位置する市民の山である。コースはいくつかあり、いずれもよく整備されているが、紹介している玉山コースが変化に富んでいて楽しい。下山後の入浴にも便利だ。登山シーズンは四季を通して可能だが、5月から初夏の花の時期がお勧めだ。

コース　玉乃湯〜水場〜氷上山 往復

1月	2月	3月	4月	5月	6月	7月	8月	9月	10月	11月	12
積雪期			登山適期							積雪期	

　登山口から15分程で林道を横切る。「氷上山入口」の案内板に導かれて沢を渡り、林道から30分で1本杉の水場だ。五合目からは低い笹原となり、西の御殿から少し下ればピクニックランチが似合う祈祷ヶ原（九合目）だ。避難小屋がある。

　先には岩の展望台（まわり石）があり、広田湾が眼下に広がる。15分程で東の御殿が見えたらもう山頂だ。

　全方位の展望は素晴らしく、空気の澄んだ季節なら岩手山、焼石岳、栗駒山も遠望できる。

参考タイム／
玉乃湯→【0:45】水場→
【1:00】祈祷ヶ原→【0:20】
山頂→【1:25】玉乃湯

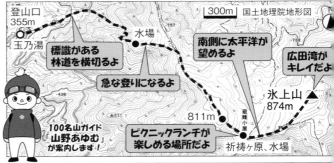

登山口 355m
玉乃湯
標識がある林道を横切るよ
急な登りになるよ
水場
南側に太平洋が望めるよ
広田湾がキレイだよ
300m 国土地理院地形図
氷上山 874m
811m
避難小屋
100名山ガイド「山野あゆむ」が案内します！
ピクニックランチが楽しめる場所だよ
祈祷ヶ原、水場

アクセス
マイカー／三陸自動車道陸前高田ICを降りて、玉乃湯を目指して国道340号を西へ。舗装路を約7km、10分ほどで玉山コース登山口（玉乃湯）に着く。
問合わせ／陸前高田市役所 ☎0192-54-2111、玉乃湯 ☎0192-55-6866
入浴施設／玉乃湯では入浴や食事ができる。火曜が定休日だが要確認。

牛追いの道、南部牛追い唄に想いをはせる。

100 三巣子岳
みすごだけ 1,182 m

標高差 40m、歩行距離 0.8km
山頂から展望なし、二等三角点
山岳標高1003山

[難易度／★☆☆☆☆　歩行時間：35分、登り：20分、下り：15分]

登山口手前から眺める三巣子岳

風車21号機横の登山口

展望がない山頂

岩泉町と葛巻町にまたがり、発電風車の連なる丘陵地に立つ山で、岳と名が付くが山頂はこんもりとした小ピークになっている。

麓の早坂高原は牛追いの道、南部牛追唄の発祥の地で、早坂峠は牛追いの難所中の難所であった。牧野の北部北上山地を、のんびりと牛追唄に思いを馳せて歩こう。

コース　風車横の登山口〜三巣子岳 往復

1月	2月	3月	4月	5月	6月	7月	8月	9月	10月	11月	12月
積雪期				登山適期						積雪期	

風車21号機のある登山口から踏み跡と目印を頼りに境界沿いに歩き出すが、すぐに藪漕ぎとなる。15分程懸命に笹薮の中をかき分け進むと、突然視界が開け山頂となる。山頂は刈払いがなされているが、木々に囲まれて展望は期待できない。

取材時には山頂の北側登山道は刈払いがされており、快適に下山することができた。北側の登山口は風車20号機から境界線沿いに道がついており、状況によりどちらの登山口から登るか判断すると良い。

参考タイム／風車横登山口→【0:20】三巣子岳→【0:15】登山口

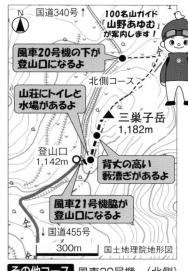

国道340号↑

100名山ガイド「山野あゆむ」が案内します！

風車20号機の下が登山口になるよ

北側コース

山荘にトイレと水場があるよ

▲ 三巣子岳 1,182m

登山口 1,142m

背丈の高い藪漕ぎがあるよ

風車21号機脇が登山口になるよ

国道455号

300m　国土地理院地形図

アクセス

マイカー／東北自動車道盛岡ICから国道455号を西に進み、早坂トンネルの旧道を早坂峠に進む。早坂峠レストハウスから葛巻方面へ7km進むとT字路になり、右折して砂利道を2km進む。風車21号機が見える駐車は、風車のある道の路肩に数台可能。トイレ、水場なし。

問合わせ／葛巻町役場 ☎0195-66-2111

その他コース　風車20号機〜（北側）

‖雲表倶楽部紹介‖

■雲表倶楽部について

　私が倶楽部の扉をたたいた20年ほど前、倶楽部には人権無視の明らかなヒエラルキーが存在した。夏のアルパインルート５級以上を３本、冬のアルパインルート３級以上を３本、5.12a以上のフリークライミングルートを３本、この９本が１年間に倶楽部メンバーに課された課題で、９本登れば正会員、どれか３本登れば準会員、そしてどれも達成できないとゴミ会員とランクされていた。正会員になると倶楽部内では「正会員様」と崇められ強力な発言権があり、準会員からの反論は許されなかった。ゴミ会員に至っては発言権もない。また、世間の人に「雲表倶楽部に所属しています」と堂々と名乗れるのは９本の課題を達成した正会員だけで、その他の人間は「東京の、とある山岳会に所属しています」としか名乗れなかった。

　というのも、雲表倶楽部には、先鋭的なアルパインクライミングを目指して、日本はもとより世界各地で多くの登攀実績を残してきた実績があったからである。当時は、クライミングにおいて、より高みを目指す精神があふれており、メンバー間に切磋琢磨の気運が盛り上がっていた。

　しかし時代は流れ、大岩壁に目をギラギラしていたメンバーも、ある者は天に召され、多くは齢を重ねて今に至る。そして生き残ったメンバーに加えて、新しく入会したメンバーは、フリークライミング、ボルダリング、バックカントリースキー、沢登り、ハイキングなど多様な活動を行うようになってきている。

ただし、結成当時から倶楽部に一貫して流れるポリシーは、「活動はあくまでも個人の自由意思による」ということ。活動は全て個人山行であり、倶楽部としての強制的な山行はない。個人の主体性と意思に一任された山岳会であると同時に、登るも登らざるも自分次第という自己責任を問われる山岳会である。

■雲表倶楽部の歴史

1943年10月		東京都で結成
1958年 3 月		谷川岳一ノ倉沢凹状岩壁ルート冬期開拓初登
		コップ状岩壁、滝沢第3スラブなどを初登
1974年		ツイ1峰
1978年 3 月		御神楽岳湯沢奥壁中央スラブ冬期初登
1979年		ラトック1峰
1980年 3 月		剣岳剣尾根
1981年 2 月		猿岩一ノ壁左ルート冬期初登
	8 月	有明山深沢右俣正面壁初登
	11月	猿岩一ノ壁ダイヒードラル開拓
1982年 1 月		前穂高岳屏風岩～前穂高東壁～滝谷継続登攀
	1 月	下北半島　縫道石山東壁BFKルート冬期初登
	3 月	谷川岳幽ノ沢中央壁左方カンテ冬期初登
1983年 1 月		新潟県頸城山塊高地岳北壁1ルンゼ冬期初登
	3 月	鹿島槍ヶ岳北壁氷のリボン初登
	5 月	甲斐駒ヶ岳坊主岩東壁初登
	7 月	甲斐駒ヶ岳赤石沢奥壁ダイヤモンドAフランケ毒蜘蛛ルート開拓
1984年 1 月		前穂高岳屏風岩3ルンゼ冬期初登
	7 月	笠ヶ岳穴毛谷あけぼの壁初登
1985年 2 月		甲斐駒ヶ岳坊主岩東壁冬期初登
	4 月	黒部オオタテガビン南東壁黒部の太陽ルート開拓
	5 月	黒部奥鐘山西壁前衛壁初登
	8 月	甲斐駒ヶ岳赤石沢奥壁ダイヤモンドAフランケ白い蜘蛛ルート開拓
	11月	伊豆赤壁初登
1986年 1 月		剣岳池ノ谷台形状岩壁初登
	5 月	黒部丸山東壁右岩壁シティーボーイブルースルート開拓
	6 月	前穂高岳屏風岩東壁パラノイアルート開拓
	7 月	ノルウェー　トロール壁ラズベリードリームルート開拓
	12月	谷川岳一ノ倉沢コップ状岩壁左岩壁右フェース冬期初登
1987年 2 月		頸城山塊千丈ケ岳南西壁第二スラブ冬期初登
	3 月	越後駒ヶ岳佐梨川奥壁第二スラブ冬期初登

1987年 6月	黒部東鐘釣山東壁初登
1988年 1月	剱岳剣尾根ドーム北壁冬季初登
1988年 3月	黒部奥鐘山西壁浦島太郎ルート冬期初登
1989年 6月	谷川岳一ノ倉沢衝立岩秋野・中田ルート開拓
1989年	コングール1峰
1990年 7月	カナダ北極圏 ロータスフラワー東壁ステアウェイトゥヘブン開拓
1991年 1月	谷川岳一ノ倉沢衝立岩不思議ロード冬期初登
1992年 1月	猿岩菱形ハングルート冬期初登
1993年 5月	船形連峰黒伏山南壁三十路ルートフリー化
5月	船形連峰黒伏山南壁風の軌跡ルート開拓
1994年10月	黒部奥鐘山西壁 YYKKルート開拓
1996年 2月	谷川岳一ノ倉衝立岩古門ルート冬季初登
1997年12月	船形連峰黒伏山南壁蒼天航路ルート冬季初登
1998年 1月	黒部丸山東壁アイアンマン冬季初登
1998年 9月	ヨセミテ エルキャピタン Jolly Roher日本人初登
2000年 3月	船形連峰黒伏山南壁風の軌跡ルート冬季初登
2001年 3月	船形連峰黒伏山南壁サエピラー冬季単独初登
2003年10月	前穂高岳屏風岩青白ハングフリー化
2004年 1月	錫杖岳2ルンゼ冬季初登
12月	北海道ニペソツ山東壁北峰ピラー雲表ルート開拓
2008年 3月	瑞牆 自由登攀旅行5.13c初登
2013年 1月	ネパールヒマラヤ バーデンパウェル冬季初登
2021年	瑞牆 Groove Therapy 5.14-R初登

■部　歌　　作詞・作曲　不明

大空は俺の屋根　山に居りゃ楽し
明日目覚めに聞く　嬉し鳥の声
冬は真白き雪　夏は野バラ咲く
山へ想いの歌は　こだまが返すよ
胸に溢る喜び　山は天国だホッホ　オイ
エンヤー　ホ　エイ

■会員を募集しています

詳細は下記ホームページを参照ください。

https://erebo12273.wixsite.com/unpyou-3

藤原 雅一
（ ふじわら　まさかず ）

雲表倶楽部代表
岩手百名山選定発起人

1957年東京都生まれ。
高校時代よりクライミングを初め、無雪期の
バリエーションルートから冬期の岩壁など登
攀。国内外で多くの初登、ルート開拓の記録
を持つ。
40歳以降は山登りに専念し、日本各地の山を
踏破。日本の山1000、日本山岳標高順1003山
を十数座残してほぼ完登。各地方の百名山も
多く完登する。この本の発刊時には岩手百名
山も完登予定。

前村 真一
（ まえむら　しんいち ）

岩手百名山選定発起人

南国鹿児島で生まれ育つ。
クライミング、バックカントリー、トレイルランニング、
マラソン、自転車‥色々やったが、日本各地の
山登りだけはずっと続けてきた。日本三百名山
をはじめ、各地の百名山を踏破。岩手百名山も
調査の傍ら全山登頂済み。一番好きな岩手の山
は、葛根田川の沢旅と焚火宴会。
最近は年甲斐もなくクライミングに復帰し 5.14
目指すも、寄る年波には勝てそうにない。

佐藤 隆弘
（ さとう　たかひろ ）

1959年静岡県生まれ。
東京に10年会津に38年間在住、現在に至る。
小学校の遠足で久能山を登った事が記憶に残り
20歳で山に目覚める。25歳で会津に転勤し、
人の素朴さと山の魅力に惹かれオールラウンドに
山に勤しむ。
33歳時パキスタン・ガッシャブルムⅡ峰遠征、
その後雲表倶楽部に入会「飲んで歌って踊れる」
クライマーを目指す。現在は岩手100山を機に
執筆活動が趣味となる。

志小田 清光
（ しこだ　きよみつ ）

生粋の東北人。
高校山岳部で山登りを始める。社会人山岳会で
アルパインクライミングに出合い、冬壁に目覚め
る。その後クライミングに没頭し、国内外で活動
する。山登りを続けるために公務員になったのに、
もっと山登りをするために公務員を辞める。冬壁
大好きなのにラッセル嫌い。後半は山岳ガイドと
して活動し年間山行日数300日超を20年以上
続ける。高所登山の経験が豊富。花の知識は
ほとんどない。

この百名山は、10名の仲間で調査し、完成しました。

澤村 勇孝
（さわむら　ゆうこう）

愛知より18歳で上京、就職先に大学の山岳部にいた人と出会い山に誘われ尾瀬に行ったのが最初の山行だった。自然の素晴らしさに感動し山登りに明け暮れる日々が続く。山道具を揃えていたお店の店員に社会人山岳会を紹介され、そこで岩登り冬山を覚え冬壁に没頭する。その後、高所登山に誘われ8千米の山頂にも立つ。今もオールラウンドに四季を通じて山行を楽しんでいる。

今西 勝
（いまにし　まさる）

福井県出身。
沢に親しみながら無雪期、積雪期を通じて岩や氷雪のバリエーションルート（クラシックルート）を登ってきた。体力の衰えを感じて、ここ数年は山よりもボルダーにはまっている。いつかは外岩2段を登りたいと願っているが、還暦を過ぎて頭打ちでもっぱら岩に寝そべり昼寝をする日々だ。雲表倶楽部には労山からスパイとして送り込まれたと言うが定かではない。ミイラ取りがミイラとなったのかもしれない。

富井 雅義
（とみい　まさよし）

東京都出身。
中学の頃よりクライミングに目覚め、20代半ばまで国内外で活動する。その後ブランクを経て、各地を旅しながら山登りを楽しむ。
現在、株式会社オンサイトを運営し、自由な働き方を提案し若手クライマー等の支援を行う。

滝口 康博
（たきぐち　やすひろ）

山形で生まれ育ち、この地で終えるつもり。
山形クライミングクラフトを立ちあげ地方には無いユニークな存在と自負し活発なる活動するが、使命を終えたとして解散。その後雲表倶楽部に入会し今に至る。
高所は7800m
ビッグウオールはA4
フリーは5.13d
何と半端なクライミング歴である。

この百名山は、10名の仲間で調査し、完成しました。

南川 秀樹
（みなみかわ　ひでき）

親父の影響で山登りが好きになり夏冬オール
ラウンドに山で遊ぶ！
八王子山の会を経て雲表倶楽部に入部。国内外
の岩、沢、山を登り現在はハイキングを楽しむ。
沢登りの時は岩魚を釣り遡行後の宴会が大好き
です(笑)
ヨセミテ、エル・キャピタンサラテウォール、
仁寿峰他、国内ルートの登攀！！
登る山の先々で、地の物を肴に仲間と酒を呑み
交わすのが、しあわせ。

前村 絵美
（まえむら　えみ）

遠州浜松の中高一貫女子校でのんびり育つ。
運動音痴でスポーツが苦手。小さい頃から家族
で近所のボタ山をハイキングしていたせいか、
肺活量と持久力だけは自信あり。社会人となり、
田部井淳子さんと植村直己さんに衝撃を受け
登山を始める。花を愛で、鳥の囀りに耳を傾け、
山菜に目を凝らしながら急登を登るのが何より
至福の時間。
日本三百名山をはじめ、各地の百名山を踏破。
岩手百名山も全山登頂済み。

目指せ！岩手百名山完登 チェックリスト

チェック	山　　名	完登月日	チェック	山　　名	完登月日
	1. 岩手山			26. 犬倉山	
	2. 八幡平・源太森			27. 烏帽子岳	
	3. 早池峰山			28. 大白森	
	4. 赤倉岳			29. 男助山	
	5. 安比岳			30. 鬼ヶ瀬山	
	6. 稲庭岳			31. 貝吹岳	
	7. 姥倉山			32. 鎌倉森	
	8. 大松倉山			33. 鞍掛山	
	9. 折爪岳			34. 黒森山(紫波)	
	10. 皮投岳			35. 鶏頭山	
	11. 久慈平岳			36. 毛無森	
	12. 黒倉山			37. 駒頭山	
	13. 源太ヶ岳			38. 駒ヶ岳横岳	
	14. 田代山・駒木立			39. 笊森山	
	15. 茶臼岳			40. 鑪山	
	16. 遠島山			41. ナメトコ山	
	17. 遠別岳			42. 南昌山	
	18. 中岳・四角岳			43. 箱ヶ森	
	19. 七時雨山			44. 八方山	
	20. 階上岳			45. 姫神山	
	21. 二ッ森			46. 曲崎山	
	22. 三ッ石山			47. モッコ岳	
	23. 諸桧岳			48. 愛染山	
	24. 朝島山			49. 石上山	
	25. 東根山			50. 牛形山	

百名山には、積雪期でなければ登れない山、うっすらと藪があるコース、軽度の沢登りを強いられるコースがあります。自分の力量を考えて、単独行は避け安全に楽しんで完登を目指してください。

チェック	山　名	完登月日	チェック	山　名	完登月日
	51. 大荒沢岳			76. 六角牛山	
	52. 大森山			77. 和賀岳	
	53. 風鞍			78. 鷲ヶ森山	
	54. 経塚山			79. 青松葉山	
	55. 栗駒山			80. 安家森	
	56. 黒森(和賀)			81. 穴目ヶ岳	
	57. 高下岳			82. 今出山	
	58. 駒ヶ岳			83. 卯子酉山	
	59. 猿岩の頭			84. 宇霊羅山	
	60. 三界山			85. 男和佐羅比山	
	61. 自鏡山			86. 害鷹森	
	62. 仙人山			87. 片羽山雄岳	
	63. 束稲山			88. 月山	
	64. 天竺山			89. 兜明神岳・岩神山	
	65. 砥森山			90. 霞露ヶ岳	
	66. 羽山			91. 鯨山	
	67. 真昼岳			92. 五葉山	
	68. 南本内岳			93. 堺ノ神岳	
	69. 室根山			94. 十二神山	
	70. 女神山			95. 白見山	
	71. 物見山			96. 峠ノ神山	
	72. 薬師岳(早池峰)			97. 夏虫山	
	73. 薬師岳(和賀)			98. 早池峰剣ヶ峰	
	74. 焼石岳			99. 氷上山	
	75. 矢越山			100. 三巣子岳	

❖ あ と が き ❖

　雲表倶楽部は、2023年に設立80周年を迎えた。これまでも節目節目に企画会報を作成し、会員と倶楽部を取り巻く人々に内輪で配布を行ってきたが、今回80周年を迎えるにあたり、せっかくなら後世に残るものをつくりたい、と考えたのが、岩手百名山を選定し出版するきっかけである。

　では、どうして東京の山岳会である雲表倶楽部が岩手百名山に着手したのか、についてあらためて説明しておきたい。

　まず一番の要因は、岩手県に百名山がないことである。日本百名山を皮切りに、現在多くの都道府県で独自の百名山を選定する動きが活発化している。一方で、日本で２番目の面積を誇り、奥羽山脈と北上高地という大きな山々を抱え、八幡平、岩手山、和賀岳、焼石岳、栗駒山、早池峰山など著名な山岳を抱える岩手県には、百名山がない。たまたま当倶楽部には岩手県在住の会員もおり、東北だけでも６名の会員が在籍しており、決して岩手県はゆかりのない県ではない。そこで、当倶楽部の80周年記念事業として、岩手百名山の選定と出版を行うこととしたのである。

　二番目の要因としては、岩手県の地域創生に貢献しようと考えたからである。日本百名山においては、日本各地、多くの山岳マニアがその制覇に全国の山々を訪ねている。さらに、こうした山岳マニアに限らず、初心者はもちろん一般の家族連れも、ハイキングの入門としてこうした百名山に取り組むようになっている。今回、岩手百名山を選定し出版することで、岩手県はもちろん東北の各地から、そして日本全国から多くの人々がハイキングに訪れることが予想される。我々の活動がこうした岩手県の地域創生につながり、岩手県が元気になることにつながれば幸いと考えたのである。

　そして、これは倶楽部内部の事情であるが、三番目の要因として、倶楽部のメンバーの中にハイキング指向のメンバーが増えてきたことである。雲表倶楽部はこれまでクライミングを主とした社会人山岳会として知られており、現在もクライミングを活動の中心に据えるメンバーは多い。一方

で、ハイキング、沢登り、バックカントリーなど多様な活動をつうじて、日本全国の山々に足跡を印している。今回の岩手百名山においては、こうしたメンバーが岩手県内の山を踏破し、山々の魅力を伝えている。他県の人間から見ても魅力があり、岩手県の個性を感じられる山を広く世の中にアピールしていきたい、と考えたのである。

さて、岩手百名山の企画から出版までほぼ2年、各編集委員は短期間の中で、調査と執筆に追われる日々であった。

とりわけ山の調査に関しては、限られた日程の中で岩手県を訪れたものの、なかなか思い通りに進まず難儀した。

大雨で道が崩壊し長い林道歩きを強いられたこと、春先にまさかの積雪で車での移動ができなくなったこと、天気に恵まれずに良い写真が撮れず何度も山を訪ねたこと、せっかく撮った写真がパソコンの不良でデータがなくなったこと、この2年間いろいろな苦労があったが、委員全員で助け合いながら調査執筆を終えることができたのは、今となっては良い思い出である。

最後になったが、2023年秋にイー・ピックスの熊谷雅也さんが逝去された。この本の企画に賛同いただき出版まで指導いただき感謝の念に堪えない。その後、熊谷雅也さんの遺志を引き継いで出版まで漕ぎ着けていただいた熊谷静香さんにもお礼を申し上げたい。また、各種資料を提供いただいた小田中智さんには感謝している。さらに、我々編集委員のわがままを受け入れ、喜んで応援してくれた雲表倶楽部の面々には大変感謝している。

その他、我々編集委員に夢や希望を与えてくれた岩手の登山者の皆さんに、この誌上を借りて心よりお礼を申し上げたい。

岩手百名山選定発起人　前　村　真　一

岩 手 百 名 山

2024年3月15日　初版第1刷発行

■岩手百名山選定発起人■
藤 原 雅 一　前 村 真 一

■企画・制作・編集■
雲表倶楽部岩手百名山編集委員会

■表紙イラスト■
志 小 田　清 光

■表紙デザイン■
尾 柏　ひ か り

■発行人■
熊 谷 雅 也

■発行所■
イー・ピックス
〒022-0002 岩手県大船渡市大船渡町字山馬越44-1
TEL 0192-26-3334　FAX 0192-26-3344
https://epix.co.jp　contact@epix.co.jp

■発売■
イーハトーヴ書店

■印刷・製本■
有限会社 大船渡印刷